숨어 계신 님 2

이재성 보나벤투라 지음

『숨어 계신 님 2』를 펴내며

가끔씩 단상이 떠올랐을 때는 여기저기 아무 데나 끄적거리는 것이 나의 습관이다. 흩어져 있는 그런 쪽지들이 나중에 뭉텅이 뭉텅이로 발견되면 결국은 쓰레기로 나가면서도 연일 그 버릇은 계속된다. 그 중에서 용케 살아남은 것들이 『숨어 계신 님』이라는 제목으로 세상에 나왔다. 지금 기억으로는 그런 단상들을 로마에서 공부하고 있던 고계영 파울로 형제에게 전송했던 것으로 안다. 그 글들이 모아져서 두 번째 책으로 출판이 되는 모양이다. 그러니 이 글들은 온전히 고 파울로 형제의 버리지 않는 습성에서 태어난 책이라 할 것이다.

그 내용은 하나도 기억에 없다. 문장이 제대로 되어 있는지도 모르겠다. 마치 사생아를 낳아 세상에 내보내는 느낌이나, 다행스럽게도 서울 대교구 출판 검열에서 일일이 검열을 하였다니 안도하게 된다.

2014년 7월 17일 성북동에서

이재성 보나벤투라

차 례

『숨어 계신 님 2』를 펴내며   3

2003년 영적 일기   7

2004년 영적 일기   63

2005년 영적 일기   69

2006년 영적 일기   76

2007년 영적 일기   185

2003년 1월

　선(善)을 자꾸 반복하여, 그 선이 마음과 하나 되면 모든 선인 덕(德)이 된다. 덕을 자꾸 반복하여, 그 덕이 마음과 하나 되면 지상선(至上善)인 애(愛)가 된다. 그런데 선은 진리(眞理)에 깃들어 있다. 그러면 진리란 무엇인가? 드러나는 것은 성자뿐이다. 성부는 늘 성자 뒤에 숨어 계셔서 절대로 보이지 않는다. 완벽하게 숨어서 발견되지 않는다. 겸손하시기 이를 데 없다. 비단결같이 숨어서 떠받든다. 이것이 진리요, 이것을 깨달음이라 한다.
　나의 자유는 절대적이다. 하느님도 관여하지 않으신다. 우리의 자유를 존경하신다. 절대로 보이지 않게 숨어서 존경하신다. 가없을 만큼 겸손하시고 가난하시다.　　　　　2003. 1. 2. 새벽 정동에서

　마음에 무엇을 늘 간직하며 살아야 하는가? 선이다. 선이란 무엇인가? 십자가에서 내려오는 선이란 무엇인가? 1) 하느님이신 그리스도께서 현재에만 머무시는 천지가 고요해지는 그 고요를 받아서, 그것을 마음에 착심하는 것이요, 2) 그래서 나도 아이처럼 현재에만 머무는 것이다.

희생을 하면 하느님께서 왜 좋아하시는가? 하느님은 보이지 않는 고요한 희생이시기 때문이다. 우주를 지탱하는 희생이시기 때문이다. 나의 보잘것없는 희생이 우주를 지탱한다. 그래서 나의 희생을 그리스도의 희생과 똑같이 보시고 기쁨을 내리신다.

2003. 1. 3. 새벽 정동에서

노력하지 않는 노력에서 열이 난다. 노력하지 않으면 선(善)이 온다. 그리스도께서 그저 매달려 있기만 해서 거기에서 선의 물줄기가 터졌다. 그래서 계속해서 십자가를 바라보면 거기에서 덕(德)이 흘러나오고, 최후에는 사랑이 흘러나온다. 특별히 고통에 노력 없이 매달렸다. 그래서 고통에 노력 없이 매달려 있기만 하면 된다. 고통 앞에 내가 없이 매달려야 한다. 이렇게 노력하지 않는 노력을 계속하면 나중에는 사랑이 온다. 마음은 선과 덕과 사랑으로 흡족하다. 흔히 말하는 지금 여기에서 이루어졌다고 하는 것도 대단한 것처럼 보이지만, 따지고 보면 선의 단계에 지나지 않는다.

노력하는 노력은 장애만을 쌓는다. 거기에는 늘 내가 있다. 그래서 선이 다가올 수가 없다.

2003. 1. 6. 새벽 정동

나의 힘으로는 절대로 수도 생활을 할 수 없다. 절대로 하느님의 도움이 있어야 한다. 그러면 하느님의 도움을 어떻게 하면 받을 수 있는가? 회개해야 한다. 회개란 무엇인가? 나의 의지 없이 살아가는 것이다. 의지를 버리고 살아가면 즉시 하느님의 도우심이 내리기 시작한다. 그렇게 되면 모든 일을 꼼꼼하게 하게 된다.

죄를 짓는 내가 사라진다. 죄를 짓는 나는 없다. 무위적(無爲的)이 된다. 어린이처럼 된다. 의지 없이 살아가게 된다. 선이 즉시 내린다. 그 선을 마음에 안착시킨다. 의지를 나의 것으로 하면 죄를 짓지 않을 수 없다.

2003. 1. 6. 아침 7시

십자가를 져도 기쁨이 오지 않는 이유는 그 십자가를 나의 십자가로 여기기 때문이다. 자기 자신의 십자가로 여기면 거기에는 여전히 '나'가 있다. 나의 십자가는 없다. 있다면 그리스도의 십자가만이 있을 뿐이다. 바로 이 십자가를 지면 즉시 삼위일체 안에 든다.

보이는 것과 보이지 않는 것은 하나다. 지성, 의지, 감성 안에 하느님이 계시다. 초월적이시다.

욕심이 사람을 망친다. 조그만 일을 조금만 하면 된다. 그러면 이 세상에서 더 바랄 것이 없게 된다.

2003. 1. 6. 아침 9시

자강불식(自彊不息): 스스로 가다듬기를 쉬지 않음

2003. 1. 6. 저녁

순종은 불평이 없습니다.
순종은 울부짖음이 없습니다.
순종은 미래를 모릅니다.
순종은 비판을 모릅니다.
순종은 억울함이 없습니다.

순종은 그윽하기만 합니다.

순종은 욕망이 없습니다.
순종은 내가 없습니다.
순종은 그리스도를 봅니다.   2003. 1. 7. 아침

관상 생활 없는 생활은 수도 생활이 아니다. 관상 생활은 죄를 짓지 않게 할 뿐만 아니라, 하느님과 하나 되게 한다.

마음을 하느님께 바치면 바칠 것 다 바치는 것이다. 다른 것은 필요 없다. 따라서 마음을 다른 것에 빼앗기지 말아야 한다. 마음만 주지 않으면 된다.   2003. 1. 8. 오후

모든 사람에게 좋게 해 주면 물이 되는 것이다.
모두 하느님이 다 해 주신다.
침묵은 어둠을 헤치고 빛이 오게 한다. 관상은 빛을 받는다.
                            2003. 1. 9. 아침

자유는 마음의 동작. 병든 자유는 마음의 길을 차단하는 방법 외에 치료할 길이 없다. 약이 싫고 써도 몸에 좋으면 먹어야 하듯이, 마음의 길을 차단하기 싫어도 해야 한다. 이것이 바로 견딤이다. 견디기만 하면, 이것이 곧 차단이 된다.

마음이 당연히 가야 할 곳에 마음이 가지 않을 때, 마음을 가게 하

려면 여기서도 또 필요한 것은 견딤뿐이다.　　　　2003. 1. 9. 밤

　　인간의 몸과 마음은 어떤 의지의 완벽한 표현이다. 그 어떤 의지가 좋기 때문에 몸과 마음을 좋아한다.
　　죄 있으면 괴롭고 죄 없으면 괴로움이 없다. 덕이 있으면 괴로움이 좋은 역할을 한다. 덕은 어려운 가운데에서 이루어진다. 사랑으로 가면 만고가 만락으로 돌아간다.　　　　2003. 1. 10. 아침

　　천주 모든 제사를 물리치시고 한 가지만 허락하셨다. 그 한 가지는 자유를 천주께 바치는 것이다. 이는 성의 하나면 된다.
　　천주 희생을 좋아하시기 때문에, 그리스도의 희생으로 너무 좋아, 이 세상 죄가 없어지는 것이다.　　　　2003. 1. 10. 오후

　　죄를 짓지 않는 비결은, 유혹에 끌리게끔 만들어져 있는 인간 심성의 구조 안에 들어 있는 어떤 의지를 만나는 것이다.
　　온전한 마음으로, 정성된 마음으로 하느님을 관상한다.
　　하느님의 분부대로 아니 하면 점점 더 어려워진다.
　　불꽃은 옳게 살고, 그리고 관상할 때 피어오른다.
　　　　2003. 1. 11. 아침

　　우리가 하는 말이 기도라야 된다. 감정 나는 말 아니 하면 그것이

기도요, 우리의 태도가 기도라야 한다.

양심을 철저히 보존하기 위하여 다른 사람의 뜻을 맞춰 주는 것이다.

당신의 고난이 사랑하는 이에게 유익함으로 돌아간다면 얼마든지 참으신다. 사랑하는 사람이 이를 거스르면 고난의 효과가 짜증 날 것이다.

관상 생활이 내 본분이요, 유일무이한 방법이다. 다른 길이 없다. 동맥과 같은 생활이다. 순간이라도 맥이 끊어지면 안 된다.

2003. 1. 11. 밤

관상 생활을 하지 않는다면 수도 생활 다 쓸데없다. 관상 생활을 떠나지 말아야 한다.

존재의 가치도 없는 결함이 어떻게 사람에게 맞설 수 있는가?

죽음을 강복해 주시면 그 죽음이 변해서 극치의 복이 된다.

타고난 사명을 아니 하면 완전의 결함이 되어 죄가 된다.

빛 가운데서 하느님을 보아야 좋다.   2003. 1. 12. 아침

순간이 값진 시간이건만.

나는 죽고 천주 사람이 살아나야 된다. 저절로 되는 것이다. 내가 하는 것이 아니라 천주님이 하시는 것이다. 양심, 의지, 자유, 다 하느님께 바쳤으니까, 내 마음대로 하지 말아야 된다.   2003. 1. 12. 오후

주위의 환경과 분위기에 좌우되지 않고, 선(善)을 지키기 위하여 깊은 침묵을 계속적으로 꿋꿋이 하는 것이 세속을 떠나는 것이요, 이렇게 해서 마음 안에 선이 안착하여, 마음과 선이 하나 되는 것이 깨어 있음이다.

2003. 1. 13. 아침

성의(誠意)만 있으면 노력은 저절로 따라온다. 성의를 가진 것만큼 노력이 들어온다. 모든 괴로움이 무너지기 시작한다.

저절로 하게 되는 노력에 열(熱)이 난다. 2003. 1. 13. 낮

나환자를 보고 본질적으로 나의 하잘것없음을 깨달았다. 하잘것없음이란 곧 아무것도 아님이요, 아무것도 아님은 곧 '나의 없음'이다. 내가 없으니 나의 것도 없다. 따라서 화가 치미는 불끈거림도 나의 것이 아니요, 정욕의 왕성함도 나의 것이 아니다. 이것을 십자가라고 한다면, 이 십자가는 나의 십자가가 아니요, 그리스도의 십자가다. 이 십자가를 나의 십자가로 여기면 죄를 짓지 않을 수 없다. 그래서 죄만이 나의 것이다.

그러나 애당초 화가 치밀고, 정욕이 왕성할 일이 없다. 화가 치밀고, 또 정욕이 왕성하다는 뜻은, 그 이전에 화가 치밀게 하는 원인을 나의 것으로 여겼기 때문이요, 정욕을 나의 것으로 여겼기 때문이다. 있지도 않은 존재에게 소유가 있을 수 없다. 그러니 그런 것들은 하느님의 것이요, 하느님의 활동일 뿐이다. 왜 그것을 나의 것으로 취하는가? 그러니 있지도 않은 십자가를 십자가로 만들어서 지는 것이다.

그렇다면 그리스도의 십자가를 진다 함은 무슨 뜻인가? 다른 사람을 부축이고, 다른 사람들의 부족함과 잘못을 내가 충당한다는 뜻 외에 다른 뜻이 있을 수 없을 것이다. 이 십자가를 지면 순식간에 우주와 내가 하나가 된다.

내가 하잘것없는 존재로서 없는 존재이니, 무시를 당함이 나에 대한 합당한 대우다. 존경을 받는 것은 당치 않다. 아무것도 아닌, 이 없는 존재를 프란치스코는 "나는 사람도 아닌 구더기"로 묘사한다. 자신을 나환자로 여긴다. 없는 존재가 스스로를 뭐나 되는 듯이 있는 존재로 여기기 때문에, 조롱과 멸시에 분노를 터트린다.

조금 더 깊이 들어가면 내가 없으니, 무시당할 나도 없다. 그래서 멸시와 무시를 아무렇지 않게 받아들인다.

프란치스코의 값진 깨달음은 그 나환자가 바로 그리스도임을 깨달은 것이다. 그리스도는 인간으로 하여금, 인간이 벌레도 아닌 구더기요, 나환자인 없는 존재임을 깨우치도록 하기 위해서, 그리스도께서 나환자가 된 것이다. 그 그리스도를 통하여 우리는 순식간에 삼위일체에 든다.

그리스도처럼 프란치스코는 철저히 없고, 철저히 없기 때문에 자기의 것도 없다. 그리스도가 거지 왕자요, 가난한 자 중의 왕이라면, 프란치스코는 그의 졸개다.

이 세상에는 나도 없고, 따라서 나의 것도 도무지 없다.

2003. 1. 13. 밤

그저 그렇게 있기만 하면 그것으로 족하다. 본질적으로 나는 있음이기 때문이다. 그저 그렇게 있기만 할 때에 선(善)이 마음에 내려온다. 그 선이 마음과 하나가 되도록 하기 위해서, 그 선을 관상만 하면 인간으로서 할 일을 다 한 셈이다.   2003. 1. 15. 새벽

하느님의 전능하심은 인간을 죄에서 끌어내시는 하느님의 능력을 통해서 깨닫게 된다. 모세를 앞장 세워 이스라엘 백성들을 이집트에서 끌어내는 그 능력을 아직도 각각 모든 사람들에게 발휘하시고 계신다. 참으로 기가 막히다.

반면에 하느님을 찾아 끊임없이 헤매는 우리들의 발걸음은 얼마나 고달픈가? 그럼에도 밤이나 낮이나 얼마큼 강렬하게 하느님을 찾아 헤맸던가?

그러다가 서로 만나는 기막힌 순간은 환희의 순간이기보다는 눈물의 순간이다. 관구장 앞에서 성대서원하는 순간은 바로 하느님의 전능하심이 극에 달하는 순간이요, 인간으로서는 이제 가나안 복지로 들어가는 순간이다.   2003. 1. 16. 밤

악(惡)은 선(善)의 결함이다. 정말 맞는 말이다. 결함에 지나지 않는 것이 어찌 인간을 파괴할 수 있겠는가?   2003. 1. 17. 아침

그저 있는 것이다. 그뿐이다. 내가 있기 때문에, 이것이 "있음"에 있는 것이다. 이것이야말로 이 세상에서 가장 충실하고 성실한 모습이다. 믿음이 있다면, 누구를 믿는다면, 그저 앉아서 바라보고만 있어

야 하지 않느냐는 말이다. 무엇을 하든지 그저 그것을 수행할 뿐이다. 어떤 목적이 있을 수 없다. 목적이 있다면 그것은 성부만이 알고 계실 것이고, 나는 먼 훗날에 알게 될 것이다. 현재 어떤 도구로 쓰여지고 있는지 알 수 없는 노릇이다. 그러니 지금 하는 일에 아주 충실하지 않을 수 없다. 아무것도 모를 때에 성부가 다가온다.

2003. 1. 27. 새벽 3시 17분

내가 곧 저쪽 세상의 표현이다. 나를 만지면 저쪽 세상을 만지는 것이다. 왜 저쪽 세상이면서, 저쪽 세상을 그리워하는가?

2003. 1. 27. 새벽 3시 27분

이 세상은 저 세상의 그림자다. 이 몸도 저 세상의 그림자. 지성과 의지와 감성도 저 세상의 그림자. 모든 것이 존재가 아니다. 그래서 그저 그 앞에 우두커니 있기만 해도 모든 유혹이 사라진다. 이 세상에 속지를 말아야 한다. 나그네처럼 살아야 한다.

우주는 거대한 환영이다. 거기에 존재적 가치를 부과하면 인생은 파멸로 치닫는다. 환영 앞에서 그저 있기만 하면 환영은 즉시 죄인인양 도망치고, 그 자리에 깊은 존재가 나타난다.

이 세상이 환영임을 깨닫고 십자가를 지면, 말하자면 환영(幻影) 앞에 서 있으면, 그 십자가는 즉시 기쁨과 복(福)으로 돌아가나, 이 세상이 환영임을 모르고 거기에 존재적 가치를 부과한 상태에서 십자가를 지면, 그 무게를 당할 장사가 없다. 십자가를 지기란 불가능하다. 하느님의 기쁨을 느끼기란 불가능하다. 그리스도의 십자가를 지어야

비로소 기쁨이 가능하다. 환영임을 깨닫고 십자가를 지어야 비로소
기쁨이 가능하다.　　　　　　　　　2003. 1. 27. 아침 7시 45분

2003년 3월

그동안 쓴 글들이 모두 달아나 버렸다.   2003. 3. 19.

아무것도 지니지 않고 구하는 것이 없다면, 거기에 달빛이 비친다.
      2003. 3. 19.

  많이 가지고 있다는 것이 흔히 자랑거리로 돼 있지만, 이는 그만큼 많이 얽히어 있다는 말이 된다. 크게 버리는 사람만이 크게 얻을 수 있다. 아무것도 가지지 않을 때에 온 세상을 얻을 수 있다.
  통달해 깨달으면 지성과 의지와 감성도 나의 소유가 아님을 깨닫게 된다. 진정 진리를 알고자 한다면 허튼 수작을 버려야 한다.
  아무 생각도, 아무 행위도 도무지 없으면, 그것으로 깨닫는다. 생각이 있고 행위가 있다 해도 그 생각과 행위는 그것의 생각과 그것의 행위일 뿐이다.   2003. 3. 19.

  욕심 없이 오직 하나에만 집중해서 일을 하면, 이는 나를 없이하고 영혼과 하나 된 상태에서 일을 하도록 만들어 준다. 그 영혼에는 빛이 비친다.

아무 생각 없이 그저 넋 놓고 매일매일 살아야 한다. 그래야 영혼에 빛이 비친다. 일을 하는 상태에서 넋 놓고 있기는 어려우나, 나를 없이하는 차원에서 욕심 없이 하나에만 집중을 하면 이는 넋을 놓는 것이나 마찬가지이다.

늘 참 자아에서 살자. 아니면 넋을 놓고 살자.　　　2003. 3. 23.

2003년 4월

　그저 바보처럼 산다. 저쪽이 펄럭인다. 모든 행위가 저쪽의 펄럭임이다. 모든 행위의 주체가 저쪽이요, 모든 행위가 그것으로 다. 특히 공부는 이쪽과 저쪽을 연결시킨다.　　　　　　　2003. 4. 2.

　그리스도께서 십자가에 돌아가신 무저항이 가져다주는 세계는 나의 모든 죄와 욕망을 산화시킨다. 그 세계 안에서 모두가 녹아 버린다.
　　　　　　　　　　　　　　　　　　　　　　　2003. 4. 5. 밤

　성욕이 왜 문제란 말인가? 문제가 되는 것은 성욕을 나의 것으로 하기 때문이다. 성욕만이 다다. 성욕만이 있다. 행위만이 있다. 행위가 다다. 나의 모든 행위에 나는 없다. 행위만이 있다.
　식욕이 왜 문제란 말인가? 식욕을 나의 것으로 하기 때문에 문제다. 식욕이 다다. 식욕만이 있다.　　　　　　2003. 4. 6. 아침

　공부하는 나는 없다. 공부가 다다. 공부만이 있다. 나는 행위다.

말을 하는 나는 없다. 말을 나의 것으로 하기 때문에 문제다. 말이 나다. 그래서 말만 절제해서 고운 말씨로 잘하면 하늘이 거기에 있다. 농담을 삼가면 된다.

밥 먹는 이것이 모두다. 그것이 이거다. 밥 먹는 그 안에 하느님이 계시다. 그래서 밥을 조금만 천천히 먹으면 된다.

행위 하나에 백 퍼센트 집중하면 된다.   2003. 4. 7.

우리가 잠잘 때에는 잠자는 가운데 하느님이 계시다. 일을 할 때에는 일하는 가운데에 하느님이 계시다. 그것을 느껴서 일이 된다.

하느님은 있는 것도 아니고 없는 것도 아니다. 있다면 그것을 내보일 수 있어야 하는데, 그것을 내보일 수가 없으니, 그것이 있다고 할 수도 없고, 그래서 없다고 하자니 그렇다면 무엇이 말을 하는가?

2003. 4. 8.

힘줄이 움직인다. 움직이게 하는 것이 무엇이냐? 없다. 얻을 수도 없고 버릴 수도 없다.

바로 이렇게 하는 이것이 무엇이냐? 모든 답이 나왔다.

먹을 때는 먹는 것이 다이어야 더 다른 존재가 필요 없다. 이것이 순수다. 먹을 때는 먹음만이 있다.

지금 앉아서 과거나 미래를 생각하는 쓸데없는 생각을 많이 하니, 수도 생활 '어쩌구' 하는 것이다. 마음 쏟음 그 자체가 경지다.

2003. 4. 9.

2003년 5월

지금 나와 직접적으로 연결되어 있는 하느님의 무한성!

나를 키우면 무한성에 이른다.

미움도 나와 동일시하지 않고, 사랑도 나와 동일시하지 않듯이, 욕망도 나와 동일시하지 않으면(내 것으로 하지 않으면, 바라보면), 주체적인 '나'가 나타난다. 중독성도 나와 동일시하지 않으면 주체적인 '나'가 나타난다. 묵직하고 거룩하고 말 없는 '나'가 나타난다. 중독의 대상과 영원히 결별하고 하직한다. 가난하고 고요한 세계가 펼쳐진다.

그런데 거룩하고 가난하고 고요한 세계를 바라보는 '나'가 있다.

그렇게 하면 몸뚱이도 소유할 수 있다. 물론 의지도 나의 것으로 하지 않는다.

이 '나'가 자라고 자라서, 한 바퀴 돌아 다시 순수가 되어 원위치한다. 온전히 몸뚱이만 남는다. 자연만 남는다.

이 몸뚱이가 다다. 몸뚱이와 자연이 하나가 되어, 내가 자연이 된다. 그 아무것도 아님에 머문다. 순수에 머문다. 온 세상을 품에 안게 된다. 내가 사랑이 된다. 자비가 된다.

말하는 나는 없다. 내가 말을 한다고 하면 그 나는 아무것도 아니다. 아무것도 아닌 것이 늘 비어 있어야 한다. 늘 없어야 한다. 바라보는 존재는 의지요, 있음이요, 자비요, 덕이요, 인간의 욕망을 주관하는 주체다. 덩어리로 뭉쳐 있다. 내가 생각한다고 생각하는 그 생각 주체는 없다.

나와 늘 한 가지로 일치해 있는 그것이 말하고, 그것이 생각한다.

2003. 5. 7. 오후

에고(ego)만 사라지면 된다. 그저 그렇게 어린아이처럼 있기만 하면 자비요, 덕이 말하고 행동한다. 그저 그렇게 어린아이처럼 있는 것이 도(道)다.

2003. 5. 8. 밤

"만물의 아버지이신 하느님도 한 분이십니다. 그분은 만물 위에, 만물을 통하여, 만물 안에 계십니다"(에페 4,6). 그저 그렇게 어린아이처럼 있기만 한 그 위에, 그를 통하여, 그 안에 계신다.

2003. 5. 8. 밤

말하는 나는 없다. 그분이 말을 하신다. 행위하는 나는 없다. 그분이 행하신다. 느끼는 나는 없다. 그분이 느끼신다. 너무도 투명하신 분이 그렇게 나타나시는 것뿐이다.

육신은 아무것도 아니면서 동시에 그분의 중요한 표현이다. 육신을 참 나로 여기는 것이 모든 오류의 시작이요, 죄의 시작이요, 어둠의 시작이다.

2003. 5. 9. 아침

2003년 7월

　깨달음이란 그것이 이것임을, 그리고 이것이 그것임을 깨닫는 것이다. 즉, 성부가 성자임을 깨닫는 것이요, 성자가 성부이심을 깨닫는 것이다. 따라서 성자가 성부와 하나 되려면 성자는 성자다워야 한다. 그렇다면 성자다움이란 무엇인가? 현재에 가장 충실한 모습이 성자가 갖추어야 할 모든 것이다. 몸자세를 곧게 하고, 허튼 말을 하지 않으며, 말을 고요하게 하고, 호흡을 정확하게 하고, 일에 욕심을 내지 않고 조금씩만 하며, 밥을 적당히 먹는 일이다.

　희생에 목숨을 걸고, 조금에 생명을 건다. 기쁨과 우아함의 성령이 오신다.　　　　　　　　　　　　　　　　　2003. 7. 6. 밤

위로(慰勞)

　가난을 닮은 클라라는 가난한 부인들의 고달픔을 어루만져 고요로 바꾸어 주었네. 가난을 견디느라 힘겨워하는 부인들의 고달픔을 따뜻하게 위로하여 감미로움으로 바꾸어 주었네. 가난한 부인들의 마음을 고요하게 하여 그들의 슬픔과 괴로움을 기쁨으로 바꾸어 버렸네.

　땅에 길게 엎드리는 겸손한 부복의 기도가 끝난 뒤에는 언제나 하느님의 말씀으로 자매들을 위로하였네. 가혹한 고행을 견디지 못하는 자매들을 지극한 자비로 위로하였다네. 자매들을 권고하고 돌보는 데에 지극히 충실하여, 결코 화낸 적이 없었으며 오히려 사랑의 눈길로 그들을 바라보았네.

　클라라만을 홀로 집에 두고 모든 자매들이 대성당으로 가 버렸으나, 자비의 성부께서는, 자매들과 형제들이 대성당에서 바치고 있던 밤기도와 성무일도 소리를, 클라라가 마치 거기 있었던 양, 들을 수 있도록 침상에 누워 있는 클라라를 위로하셨네.

경건(敬虔)

그녀의 입은 항상 하느님을 담고 있었으며,
헛된 말은 말하지도 들으려 하지도 않았도다.

그녀의 말은 항상 하느님에 관한 것이었고,
세속 이야기는 입에 올리지도 않았도다.

그녀는 기도에 열심하였고
그녀의 품행과 말은 늘 하느님에 관한 것이었네.

그녀의 머리는 늘 하늘을 향하여 있었고,
그녀는 혀와 귀를 결코 세속적인 것에 내어 주지 않았도다.

세속적인 사람을 보면
그녀는 놀랍게도 울음을 그치지 않았도다.

관상(觀想) 1

관상에 자주 빠져
성 금요일에는
주님의 수난을 관상하느라
종일 그리고 그 다음날까지
거의 무감각한 상태로 있곤 하였네.

기도를 마치고 돌아오면
그녀의 얼굴은
태양보다 더 밝고 더 아름다워 보였고,
그녀의 말은 형언하기 어려울 만큼
감미로움을 자아내었네.

지고의 관상 기도에 늘 깨어 있었으니,
그녀의 얼굴은 더할 나위 없이 깨끗하였고,
그녀의 입에서는 단맛만이 흘러나와,
그녀의 삶은 온전히 천상의 삶이었네.
그녀의 삶은 관상으로 수놓아졌네.

관상(觀想) 2

가난만이 빛이니, 가난에는 꽃만 피네. 가난에서 자비의 빛을 받으면 고통을 수반하는 겸손이 나타나니, 고통 없는 겸손은 있을 수 없고, 고통을 겸비한 겸손이 곧 사랑이라네. 십자가 상에서 자비의 눈길로 우리를 바라보시는 거울이신 그리스도를 바라봄으로써, 우리도 그리스도를 닮아 바라보는 존재 되어 세상을 비추노라.

그대의 구원을 위하여 사람 중에 가장 비천한 사람이 되셨고, 멸시를 받았으며, 얻어맞고, 온몸에 수없이 매를 맞아, 십자가의 참혹한 고뇌 중에 돌아가신, 그대의 정배를 닮으려는 열망으로, 십자가의 거울을 바라보고, 깊이 생각하고 관상하십시오.

은총의 거울의 맨 밑에서, 여물통 속에 강보에 싸여, 사람 중에 가장 비천한 사람이 되어 누워 계신 가난을 깊이 바라보시오. 거울의 중간에서 인류의 구속을 위한 고통의 겸손을 깊이 바라보십시오. 거울의 맨 위에서 십자가의 참혹한 고뇌의 수치스런 죽음을 원하신 사랑을 관상하십시오.

가난은 가난한 클라라를

가난은 가난한 자를 몹시 사랑하니, 하늘의 새들을 먹이시고 들의 백합을 입히시는 지고의 가난이 초라한 나무 침상에 누워 있는 클라라를 먹이시고 입히시어, 가난한 부인은 길이요 진리요 생명이신 가난의 발자취를 그렇게 그렇게 따랐다네.

현세적 욕망을 포기하기를 오물을 버리듯이 하였고, 자신의 유산을 팔아 가난한 이들에게 나누어 주었으니, 오스티아 주교까지도 그녀가 소유물을 받기를 원하기는 했으나, 정작 명령을 내릴 엄두도 내지 못하였도다.

교황 성하로부터 받은 가난의 특전을 극진한 존경심으로 공경하였고, 그것을 잃어버릴까 두려워하면서 성실하게 보존하였으니, 옷 입는 데는 극도로 초라하였고, 먹고 마시는 데는 너무도 절제되어 있었도다.

손노동

수를 놓아 성작 수건과 제대포를 만드네.
병을 앓고 있을 때조차도 침대에서 일어나 앉아 수를 놓고 있네.

섬세한 천에 수를 놓아
비단과 견직물로 덮네.

성작포와 감실포를 만들어
아씨시 주교님께 보내 축복을 받네.

아씨시와 아씨시 교구의 성당들에 보내곤 하네.
모든 성당에 두루 퍼지네.

섬섬옥수로 누벼진 꽃들이
온 천지를 덮네.

사랑

그녀는 자매들을 자기 자신처럼 사랑하였으니, 밤에는 춥지 않도록 자매들에게 이불을 덮어 주곤 하였도다. 자매들의 발을 씻어 주고 손에 물을 부어 주곤 하였으며, 앓는 자매들의 뒤를 닦아 주었도다. 특별히 병약한 자매들에게 극진하였도다.

땅바닥에 엎드려 기도하고 눈물을 흘리며, "주님, 당신 여종들을 돌보아 주십시오. 저는 그들을 보호할 수가 없나이다"라 간청하였고, "내가 항상 너희를 보호해 주겠다"는 사랑의 말씀을 들었도다.

"주님, 이 도시도 지켜 주십시오". "지켜질 것이다". "자매님들, 두려워들 마시오. 내가 여러분의 인질이 되겠습니다. 여러분이 하느님의 계명에 순종하기만 한다면, 지금도 앞으로도 여러분은 어떤 해도 입지 않게 될 것입니다".

세속에 숨은 꽃

방년(芳年) 18세에 수도원에 들어왔고,
그녀의 정직성과 자비심과 겸손 때문에
수도원에 들어오기 전부터
많은 사람들로부터 공경을 받았노라.

성 프란치스코의 권고와 설교를 통해서
수도 생활을 받아들이게 되었네.
주님께로부터 받은 많은 은총과 덕행 때문에
성녀로 여겨졌었노라.

아버지 파바로네는 기사로서,
출신 가문으로 봐도 고귀하였으나,
클라라의 성교회와 자기 수도회에 대한 사랑은
더욱더 고귀하였노라.

어머니 오르톨라나는 이미 성지 순례를 하였고,
어머니를 닮은 그녀는
늘 거룩함을 잃지 않으면서
자신과 자매들을 43년간이나 돌보았노라.

고행

클라라는 29년 동안을 침상에 누워 병을 앓았나니,
이만한 고행이 어디에 더 있을쏜가?
거기에 대 사순절과 성 마르티노 사순절에 빵과 물만 먹었다네!
거기에 월, 수, 금요일에는 아무것도 입에 대지를 않았다네.

보다 못한 프란치스코의 명에 따라 빵과 물을 조금 먹었을 뿐이네.

땅에 엎드려 돌을 베개 삼는 그녀의 극기에 자매들이 울었네.
뻣뻣한 돼지 털을 몰래 투니카 속에 걸치어,
자신의 몸에는 엄격하였네.
자신의 투니카를 벗어서 남에게 주었고,
말 꼬리로 만든 고복으로
몸을 칭칭 감아서
동정의 육신을 아프게 하였네.

낡은 천으로 만든 투니카 한 벌과
망토 한 벌만 가지고 살았고,
그녀의 침대는
포도나무 줄기로 만든 것이었네.

먹는 음식 양이 너무 적어서
마치도 천사들이 그녀를 먹여 살리는 것 같았네.

프란치스코에게 순종하기 위하여
그녀는 빵과 물을 조금 먹었을 뿐이네.

찬미

밤낮으로 기도에 열심하여,
늘 그녀가 먼저 성당에 불을 켰고,
한밤중에 하느님을 찬미하도록
밤기도 종을 울려
조용히 자매들을 깨웠도다.
영성체를 할 때마다 온몸을 떨었고,
그녀가 기도하던 장소에는 불꽃이 일었도다.
늘상 주님 안에서 즐거워하였으며
찡그린 낯을 결코 볼 수 없었고
그녀의 삶은 천사의 삶이었도다.

성탄절 밤에 병고로 인하여
전례에 참석치 못하였으나,
성 프란치스코 대성당의
오르간 소리와 응송
그리고 형제들의 성무일도 소리를 모두 들었네.

클라라가 이승의 삶을 마감할 무렵,
바로 죽기 전 금요일 날,
옆에 있던 자매에게
"자매도 내가 보고 있는 영광의 임금님을 보았습니까?".
성녀는 몇 번이나 이 말을 되뇌었네.

십자 성호 1

정신병에 걸린 스테파노 형제에게 십자 성호를 그어 주었고,
그는 거룩한 어머니가 자주 기도하곤 했던 곳에서
잠시 자고 일어나 음식을 조금 먹고 치유되어 돌아갔다네.

2년 동안이나 목소리를 잃게 된 자매를 십자 성호로 치유하였고,
한밤중에 목을 짓누르는 고통에 시달리던 안드레아 자매를 치유하였네.
크리스티아나 자매를 귀머거리에서 치유하였고,
종양으로 인한 벤베누타 자매의 어깨 통증을 주님의 기도와 십자 성호로 치유하였네.

겨드랑 밑에 생긴 심한 염증으로 11년간이나 앓고 있던 자매를,
염증으로부터 고름이 흘러나오지 않도록 치유하였고,
자매는 그 후에는 한 번도 그 병을 앓지 않았다네.

아마타 자매는 수종증과 열병으로 고생하여 배가 불렀었는데,
십자 성호와 손으로 만져 주자 다음날 아침에는 작은 몸이 되어 있었네.
열병에 걸린 아기를 십자 성호로 치유하였네.

십자 성호 2

친조카 아마타 자매가 수종에 걸려
열과 기침 그리고 옆구리 통증으로 몹시 앓고 있었을 때,
성녀가 십자 성호로 낫게 하였네.
"그녀의 영혼을 위해 유익하다면 이 질병에서 그녀를 고쳐 주십시오".
그녀는 즉시 치유되었도다.

체칠리아 자매는 기침이 하도 심해서
도무지 먹을 수가 없었다네.
성녀가 금요일에 작은 빵과자를 그녀에게 주어 먹도록 하였는데,
그녀는 크나큰 두려움에 떨며 그것을 받아먹었네.
그녀는 그것을 거룩한 어머니의 명이기 때문에 먹었던 것이네.
그 순간부터 그녀는 그 병을 전혀 느끼지 않게 되었도다.

마귀들은 클라라의 기도들이 자신들을 불태우고 있다고 고백하였네.
이 말을 마귀들로부터 들은 그 부인은 먼저 하느님께 감사를 드리고
또 성녀께 감사드리기 위해 수도원으로 와서
자매들에게 이 이야기를 들려주었도다.

춥고 떨리는 병에 걸린 다섯 자매에게
아주 나지막한 말을 하며 십자 성호를 그어 주자

즉시 모두 치유되었도다.

그녀는 죽은 후에 더 많은 자매들을 치유하였다네.

겸손

놀라울 만큼 겸손했던 클라라는
명령을 내려야 할 경우에는
두렵고 떨리는 마음으로 명하였고,
비천한 일들을 스스로 하였네.

자매들의 발을 씻어 주었고,
그만 실수로 클라라의 입을 찼을 때에는,
행위를 멈추지를 않고 자매의 발바닥에 입을 맞추었도다.
자기 자신을 모든 점에서 경멸하였으며,
다른 자매들 앞에 자신을 내어놓고
다른 자매들보다 늘 밑에 놓으면서 그들에게 봉사하였도다.

그녀는 좋은 빵보다는
부스러기 빵으로 애긍을 받기를 더 좋아하였고,
병약한 자매들을 섬기는 데도 열심이었으니,
보잘것없는 하녀들에게까지도 겸손되이 자신을 밑에 두고
항상 자신을 멸시하였도다.

자매들 중에서 클라라가 가장 겸손하였으니,
병약한 자매들의 엉덩이를 씻을 때에
그녀는 어떤 악취도 맡지 못하였으며,
오히려 향기를 맡곤 하였네.

자매들이여, 나의 딸들이여!

"자매들이여, 나의 딸들이여, 두려워하지 마십시오. 하느님께서 우리와 함께 계시기만 한다면, 적들이 감히 우리를 해치지 못할 것입니다. 우리 주 예수 그리스도를 신뢰하십시오".

"자매들이여, 나의 딸들이여, 그분은 우리를 구원해 주실 것입니다. 내가 여러분의 파수꾼이 되어 그들이 여러분에게 어떤 악도 행하지 못하게 할 것입니다. 원수들이 오면 나를 그들 앞에 내놓으십시오".

"자매들이여, 나의 딸들이여, 주님께서 여러분을 지켜 주실 것이니 두려워 마시오. 내가 여러분의 방패입니다. 나를 원수들 앞에 내놓으시오".

주님께서는

무거운 문짝이 성녀 클라라 위에 떨어졌다네,
그 문짝은 세 장정들이 겨우 치켜들어 올려 치울 수 있을 정도로 무거웠으나,
클라라는 아무 상처도 입지 않았으며,
주님께서는 포근한 망토로 그녀를 감싸 주셨네.

가난한 부인들의 빈 병이 클라라의 전구로 기름이 가득 찼네.
허기진 가난한 부인들의 배를
주님께서는 클라라의 전구로
작은 빵을 50 조각으로 내어, 큰 빵 50개를 만들어 채워 주셨네.

주님께서는 클라라의 전구로 자매 하나를 다섯 마귀로부터 구해 주셨네.
다섯 마귀들을 불태웠네.
성탄날 밤에 클라라의 전구로
주님께서는 당신의 모습을 클라라에게 나타내 보이셨네.

찬란한 덕행

"너는 세상에서 찬연히 빛날 한 빛을 낳게 될 것이다".
클라라의 어머니가 이미 이 말씀을 들었으니,
하느님께서 그녀에게 주신 덕행과 은총을
모든 자매들이 충분히 말로 잇지를 못하였고,
그녀의 거룩한 삶과 품행 때문에
그녀를 알고 있던 모든 이들은 그녀를 성녀로 생각하고 있었도다.

클라라의 정직한 삶과, 지극히 높은 정결과 친절, 온순함과 동정심,
방정한 품행에서 동정 마리아 외에는
어떤 여인도 성녀만큼은 못하였으며
하느님께서 그녀의 삶을
은혜와 덕행으로 꾸미시니
많은 사람들이 그녀를 성녀로 간주하였도다.

자신의 육신을 극도로 괴롭혔고, 생활에 있어서도 극도로 엄격하였으며,
하느님을 기쁘시게 해 드리려고 노력하였고,
영육에 있어 자매들에게 너무도 자비로웠고,
여인들의 모든 성성을 그녀가 지녔으니,
그녀의 덕행과 은혜를 말하기는 불가능하며,
선성과 성덕을 충분히 말할 수 없도다.

눈물

자매들과 앓는 이들에게 크나큰 연민을 가지고
눈물을 쏟았도다.
우리 주 예수 그리스도의 몸을 받아 모실 때
많은 눈물을 쏟아붓곤 하였도다.
기도할 때에도
수많은 눈물을 흘렸으며,
자매들과 영적인 기쁨을 나눌 때에도
눈물을 뿌렸다네.

말씀

프란치스코의 설교를 들은
클라라는 프란치스코의 가슴에서 말씀의 젖을 빨았도다.
이내 클라라는 자매들에게
우리 주 예수 그리스도께서 인류 구원을 위해 어떻게 수난을 감수 인내하시고
십자가 상에서 돌아가셨는지 설명해 주었도다.

클라라는 삼위일체에 대해 많은 이야기를 하였는데
너무 감미로워서
자매들은 그녀의 건강 상태를 이해할 수 없을 정도였네.
이 세상을 떠나게 된 그 날 밤 내내,
성녀는 설교하면서 자매들에게 권면하였네.

"내 딸들이여, 하느님을 찬미하십시오.
내가 하느님께로부터 받은 은혜는 하늘과 땅도 담을 수 없을 정도입니다.
오늘 나는 복되신 성사 안에서 그분을 모셨으며,
또한 그분의 대리자도 보았습니다".

"걱정 말고 평화롭게 지내십시오.
그대를 창조해 주신 분께서 성령을 그대에게 보내 주실 것이니
그대는 훌륭한 안내자를 얻게 될 것이며,
마치 어머니가 사랑하는 자기 자녀에게 하듯이 그대를 항상 지켜 주실 것입니다.
오, 주여, 나를 창조하셨으니 찬미받으소서".

순종: 의지를 자기의 것으로 소유하지 않는 것
죄: 이 순종을 거슬러 의지를 자기의 것으로 하는 것
선을 알게 하는 열매를 따 먹는 행위: 의지를 자기의 소유로 하는 것

의지와 선을 자기의 것으로 하는 행위가 선을 알게 하는 열매를 따 먹는 행위일진대, 결국 선을 자신의 소유로 하면 악을 알게 하는 열매, 즉 악이 된다.
따라서 알지를 말아야 한다. 결국 모르는 상태에 머물러야 한다는 말이다. 성령의 상태에 머물러 있어야 한다는 말이다. 그 상태를 벗어나는 것이 죄이며, 그 자체로 벌이다. 신비의 상태에 늘 머물러

있지 않으면, 그것이 곧 죄요 벌이다. 2003. 7. 21. 아침

장상의 뜻과 나의 뜻이 다르지 않은 일을 순종할 때는 참된 순종이고, 자신의 것을 포기하여 하느님과 이웃을 흡족하게 하면 사랑의 순종이며, 핍박을 감수하여 자기의 목숨을 내놓으면 완전한 순종이다.
2003. 7. 22 아침

세상을 하직한다. 세상은 그렇게 그렇게 흐른다. 의식의 나도 그렇게 흐른다. 지금 이렇게 흐르고 있지 않은가? 흐름을 알면, 거기에 변하지 않는 강물도 있음을 동시에 알게 된다. 2003. 7. 23.

축구, 세상사, 성(性), 모두 다 물 흐르듯이 흘러간다. 모든 것에서 죽은 듯이 관심을 끊는다. 세속을 떠난다. 방 정리도 의식이 한다. 번역도, 조깅도 의식이 한다. 나는 할 일이 없다. 나는 편안하다. 이 편안함이 번역, 방 정리, 언어, 조깅, 축구, 세상사, 성(性) 안에 있다. 여기서 작은 일에의 충실성이 싹튼다. 여기서 사욕이 빠져나간다.
2003. 7. 24.

나는 이렇게 조깅만을 함으로써, 그것으로 우주를 얻는다. 조깅이 다다. 어디에도 하느님은 숨어 있다. 내가 이렇게 있음으로도 거기에 그렇게 하느님이 계시다. 어디에도 어느 때라도 거기에 그렇게 계신다.
2003. 7. 25.

성자와 성부는 하나다. 여기에 꺼지지 않는 기쁨이 있다. 그 놈이 이놈이다. 삼위일체를 깨닫는 것이 도를 통하는 것이다. 어디에나 그 놈은 있다. 2003. 7. 26.

아무것도 서두르지 말고, 그저 거기에 머물러라. 그러면 이것이 곧 나의 의지를 없애는 길이요, 변하지 않는 큰 물줄기를 발견하는 길이며, 나의 사욕을 없애는 길이고, 의지 자체를 만나는 길이다. 초월적 의지가 다가온다. 그것은 늘 거기에 있다. 그것이 나다. 에고(ego)는 영원히 사라져 흔적도 보이지 않는다. 조용하고 고요해질 수가 있다. 그분을 즐기는 관상을 한도 끝도 없이 할 수 있다.
2003. 7. 28. 오전 10 시 30 분

서두르지 말고, 하나에 평화롭게 충실하여, 앞 걱정을 하지 말고, 물 흐르는 대로 되는 대로 하는 것이다. 2003. 7. 28. 11 시 35 분

해도 그만 안 해도 그만이다. 되는 대로 하자. 되면 하고 안 되면 말고. 그렇게 해서 침묵과 늘 함께 하자. 잠이 오지 않는다면, 이는 침묵과 함께 하지 않기 때문이다. 2003. 7. 29. 새벽

침묵이 공부하고, 침묵이 말하고, 침묵이 듣고, 침묵이 잔다. 침묵이 공부를 하지 않으면 공부를 잘 못한다. 침묵이 무엇을 하면, 무

엇을 하든 자신이 있다. 자신을 찾아야 자신감이 있다.

2003. 7. 29. 새벽

헛심 빠진다. 아무것도 아니다. 침묵의 극치는 아무것도 아니다. 그래서 그것이 이것이고, 이것이 그거다. 침묵의 극치는 순수다. 하느님은 순수이시다.

이것이 모두이며, 또 이것은 없다. 호흡이 모두이며, 또 호흡은 없다. 늘 이 상태에 머물러 있을 수 있다. 완전한 깨달음이다. 왜냐하면 늘 함께 있으니까. 죽을 때도 그것은 있고, 화낼 때도 그것은 있다. 무엇을 하든지, 어디에서 어느 때든지 거기에 있다.

완전한 침묵이 하느님이시다. 이 때부터 관상이 가능하다. 피동적 관상이 가능하다. 피동적 관상이 늘 가능하다. 관상이 늘 가능하다. 완전한 침묵은 빛을 쉬지 않고 끊임없이 비추니까.

2003. 7. 29. 아침 8시 10분

나는 없으면서, 동시에 내가 다다 = 보이지 않게 숨어 있다 → 가난, 침묵 → 가난의 극점.

가난의 극점이기 때문에 동시에 내가 다다. 거기서 빛이 오기 때문에 관상하기가 아주 좋다. 그러나 한 번 가난을 머리에 떠올려야 한다는 데에 문제가 있다. 아니면 육신이 다임을 깨달으면 동시에 어떤 순수한 상태에 이르게 된다. 그 순수는 가난과 동일하다. 출발을 육신에서 하면 순수에 이르게 되고, 출발을 가난에서 하면 그 자체로 순수다. 그런데 육신에서 출발하여 다다른 어떤 순수한 상태와 가난에서 출발하여 다다른 어떤 순수한 상태는 다른 면도 있다.

사실 육신에서 출발하기란 그리 쉽지 않다. 그냥 육체에 머물기 십상이다. 따라서 딴 생각하지 말고 그냥 육체에만 머물면 된다. 그리고 육신에 열심하면 된다. 가장 순수하다. 이 순수가 선이다. 이 육체에 깨어 있기만 하면 된다.

숨어 있는 가난에서 출발하려고 하다 보면 결국 머리를 한 번 회전시켜서 순수 육신에서 출발하게 된다. "그게 다다"에서 출발하게 되니까 하는 말이다. 그러니까 육신에서 출발하여 숨어 있는 가난에 이르는 것이 정도인 듯하다. 이 놈이 그 놈이기 때문이다. **그것이 이렇게 표현된다.** 그러니 이게 다며, 동시에 이것은 없다. 서로 분리도 되면서, 하나로 일치도 된다. 분리해 있을 때는 분리된 독립체로서 최선을 다하면 되고, 일치되었을 때에는 일치된 상태로 그냥 있으면 그뿐이다. 어느 한 형태에 늘 머물러 있어야 하는 것은 아니다. 육신은 삼위의 하나인 그리스도의 본질이다. 따라서 육신에 진지하다면 늘 삼위에 머물러 있어야 한다.

의지는 나의 것이 아니다. 의지도 지성도 감성도 모두 저쪽의 표현이다. 그 자체로 초월적이다. 이 때는 즉시 삼위일체에 이르게 된다. 삼위 안에서 한 작용을 해야 편안하다. 그렇지 않으면 그 자체로 불행하다. 의지와 지성과 감성에 진지하다면 늘 삼위에 머물러 있는 상태에서 그 중의 하나에 머물러 있어야 한다.   2003. 7. 30. 오후

관상을 한다는 뜻은 이 세상을 완전히 미련 없이 하직한다는 뜻이다. 이 세상을 미련 없이 하직할 때에만 성령을 완전히 모실 수가

있고, 이 세상을 올바른 눈으로 전체 안에서 볼 수가 있다.

2003. 7. 31. 새벽 4 시

자신의 의무(번역과 강의)를 이행할 때에는 그 의무가 하느님의 계획이나 뜻 안에 들어 있기 때문에, 무아의 상태에서 편안하게 의무를 수행할 수 있다. 관상 안에서 의무를 수행할 수 있다.

2003. 7. 31. 새벽 4 시 10 분

2003년 8월

나를 찾았다. 이렇게 글을 쓰는 것이 다다. 이 때 순수 선이 나타난다. 나는 이 선이다. 이 선이 다 하는 것이다. 선이 이렇게 글을 쓰는 것으로, 말하는 것으로, 먹는 것으로, 잠자는 것으로 나타났다.

그런데 이 선은 즉시 침묵으로 들어간다. 이 침묵이 나를 관상하게 만든다. 사물이나, 사건, 그리고 나를 통해서 들어가는 곳은 침묵의 세계다. 덕이다.

지성과 의지와 감성을 나의 것으로 하지 않을 때도 침묵으로 들어가고(나의 것으로 하지 않는다 함은 그것이 그것으로 다임을 깨닫는 것이다), 사건과 사물을 통해서도 침묵의 세계로 들어간다.

2003. 8. 3. 저녁녘

아무 의지도 계획도 없이 그저 넋 놓고 그저 있기만 하면 그것으로 다다. 그것으로 족하다. 그런데 이를 방해하는 것이 바로 "에고"(ego)다. 그래서 이 에고(ego)를 없애야 하는데, 이 에고는 마음속에서 뿜어 올라오는 빛 앞에서 녹아내린다. 따라서 늘 마음만 응시하면 만사형통이다.

2003. 8. 5. 아침

있는 마음도 마음이지만, 없는 마음을 응시해야 한다. 마음은 없다. 없는 마음은 나를 초월해 있는 우주의 마음이다. 이 없는 마음은 알 수 없다. 알 수 없음은 사랑이다. 나는 사랑이다.　　2003. 8. 6.

알 수 없는 사랑이여! 뭐라 말할 수 없음이여! 아이들이 어머니의 사랑을 받고도 어머니의 사랑을 모름과 같아라. 뛰면서도 어떻게 해서 뛰게 되는지를 모른다. 먹으면서도, 숨을 쉬면서도 아무것도 모른다. 아무것도 모른다. 이것이 사랑이다.　　2003. 8. 7. 오후

상대방을 그대로 받아들여 봐라. 자비가 생긴다. 상대방에게 무엇을 지적하는 것은 대체로 나를 내세우는 것에 지나지 않는 경우가 많다. 거의 무조건 모든 사람을 받아들여 봐라. 자비가 싹튼다.
　　2003. 8. 7. 오후

성모송이나 주님의 기도, 그리고 시편 기도 한 구절 한 구절을 정성스럽게 바치면 무어라 말할 수 없는 세상이 열린다.
　　2003. 8. 8. 오후

성부와 성자는 한시도 떨어져 있어 본 적이 없다. 인간과 하느님도 한시도 떨어져 있어 본 적이 없다.　　2003. 8. 9. 오후

몸을 사리지 말고 통째로 형제들과 사람들에게 내어 준다. 생명의 빵 그리고 십자가의 그리스도처럼. 그렇게 실제로 죽어 없어지지 않고는 이 세상에 대하여 죽었다고 말을 할 수 없다. 영원한 생명이 동시적으로 따라오는데, 이 한 몸 내어 주지 못할 것 없다. 마음 한 번 바꿔 먹으면 된다. 희생자가 어디서나 어느 때나 꼭 필요하다. 그 희생자가 되어 산화되면 그 자리에서 영원한 생명에 이른다. 그러나 만약에 조금이라도 몸을 사린다면 그 자체로 지옥이다.

2003. 8. 10. 아침

왜 사람이 저럴까 하는 마음을 제거하면 모든 것을 포용하는 사랑과 자비가 생긴다. 이 사랑과 자비를 관상하면 그것으로 모든 것은 끝이다.

2003. 8. 11. 아침

희생을 하면 완전해진다. 희생을 하면 완전히 다가온다. 그러니 그리스도의 희생의 십자가는 대완성을 가져온다. 나는 그리스도의 대완성을 유산으로 받았다. 나는 구원을 받았다.

2003. 8. 12. 아침

깊은 침묵이 가난이다. 희생도 침묵으로 가고, 나의 영혼도 침묵으로 가고, 만물도 침묵으로 간다. 있음도 침묵으로 간다. 이 침묵을 관상하면 하늘을 뚫고 시공을 초월한다. 침묵을 관상하면 그것으로 모든 것이 끝이다.

2003. 8. 12. 새벽

백핸드는 몸체를 축으로 하여 라켓을 돌리면서 라켓을 세워서 볼의 밑으로 넣으면 자연스럽게 슬라이스(slice)가 된다. 백핸드 플랫(backhand flat)은 어깨 위에 있는 라켓을 그대로 아래로 후려치면서 도리깨질 원리를 따르면 강력한 공이 된다. 주 무기를 백핸드 플랫으로 하면 좋다. 백핸드 드라이브(backhand drive)에서는 절대로 가슴을 열어서는 안 된다.

포핸드 톱스핀(forehand topspin)은 라운드 스윙을 하여 라켓을 공의 높이에 맞추어 아래로 떨어뜨린 다음, 도리깨질 원리에 의한 타점에서 스핀을 걸면 힘들이지 않고 자연스럽게 스핀이 걸린다. 포핸드 플랫은 격자 모양으로 라켓을 만들어 앞에서 맞추기만 하면 된다.

신문, TV, 인터넷 등 세상을 포기하면 남는 것이 침묵이요, 말을 아니 해도 남는 것은 침묵이다. 이 침묵을 관상하기만 하면 된다.

2003. 8. 12. 아침

그리스도의 십자가만이 즐거움인 사람은 이 세상 모든 것을 아무 미련 없이 버릴 수 있다. 십자가에서 내려오는 감미로움을 무엇에도 비교할 수 없기 때문이다. 널을 뛸 때 공중으로 치솟듯이, 고무풍선 올라가듯 갑자기 하늘로 이끌려서 하느님과 하나가 된다.

2003. 8. 12. 아침

옛날 옛적에 성자가 성부의 품을 떠나 나자렛에서 마리아를 통하여 사람으로 태어났듯이, 지금도 성부의 품을 떠나 제대 위에서 사

제들을 통하여 빵으로 태어난다.　　　　　　2003. 8. 14. 오후

아, 감미로운 흰빛이여! 잊지 못할 흰빛이여!　　　2003. 8. 13. 밤

　　나는 하늘에서 내려온 살아 있는 빵이다. 누구든지 이 빵을 먹으면 영원히 살 것이다. 내가 줄 빵은 세상에 생명을 주는 나의 살이다 … 내 살을 먹고 내 피를 마시는 사람은 영원한 생명을 얻고, 나도 마지막 날에 그를 다시 살릴 것이다. 내 살은 참된 양식이고 내 피는 참된 음료다. 내 살을 먹고 내 피를 마시는 사람은 내 안에 머무르고, 나도 그 사람 안에 머무른다. 살아 계신 아버지께서 나를 보내셨고 내가 아버지로 말미암아 사는 것과 같이, 나를 먹는 사람도 나로 말미암아 살 것이다. 이것이 하늘에서 내려온 빵이다. 너희 조상들이 먹고도 죽은 것과는 달리, 이 빵을 먹는 사람은 영원히 살 것이다(요한 6,51-58).

　　이런저런 설명이나 해석이 필요 없다. 여기에 설명이나 해석을 자꾸 붙이는 것은 믿음이 없기 때문이다. 이 말씀을 그대로 믿으면 그 순간 영원에 들게 된다. 간단하다.　　　　　2003. 8. 14. 아침

　　지금이 모두다. 미래는 없다. 꽃은 그 자리에서 핀다. 미래의 걱정은 조금도 하지 말아야 한다.　　　　　　　　2003. 8. 15. 아침

믿음으로 구원을 받는다. 아브라함도 모세도 믿음으로 걱정 없이 떠났다. 믿음 뒤에 따라오는 것은 편안함이요, 그리스도에 애착하게 됨이다. 내가 무시를 당하건, 굶어 죽든, 길바닥으로 나서건, 아무 상관이 없다. 그 무어라도 좋다. 두려움이 도무지 없다. 아무 두려움이 없는 희망이 생긴다. 희망차다. 이 희망은 미래에 대한 희망이 아니다. 그저 그 상태가 희망스럽다는 뜻이다. 2003. 8. 16.

너의 아버지는 누구인가?
절망 없는 희망과 겸손은 믿음에서 온다.
우리는 육신의 눈으로 그리스도이신 성체를 본다.
그리스도 예수를 찾아서 만나면 모든 것이 끝이고, 그에 애착하게 된다.
나의 보잘것없는 삶은 주님의 것이다. 2003. 8. 17.

생각한다는 것은 삶을 망치는 일이다.
믿음으로 죽음의 문을 통과한다.
수녀들의 가난함과 시체 같은 모습은 그대로 우리에게 하늘 나라를 선물한다.
조그만 씨 안에 모든 것이 들어 있듯이, 만사에, 만물에 하느님이 작게 숨어 있다.
가난한 모습만이 하느님을 현시한다. 믿음이 없고 부족한 상대방에 절망을 하고 다그칠 것이 아니라, 그 부족할 수밖에 없는 현실을 이해하고 안아 주어야 한다. 2003. 8. 18.

그리스도가 우리의 목적인 분명한 삶이 가장 행복하고 또 가장 쉽게 성취된다.

어느 시대에도 복음과 가난의 실천이 가능하다.

고쳐 주려고 하지 말고 위로해야 한다.

자비와 사랑은 모든 것을 이긴다.

나는 순수하게 하느님께 머물러 있으면 그뿐이다. 그것이 해야 할 일의 모두다.

나의 고통을 이야기하기를 뛰어넘어 그리스도의 고통을 노래할 줄 알아야 한다.

모두 다 그리스도의 영광을 읊어라.   2003. 8. 19.

내일의 식량을 염려할 필요가 없다. 식량이 없어 굶어 죽으면 굶어 죽는 것이다. 이것이 믿음이다. 믿으면 내일 반드시 식량을 준비해 주실 것으로 여기는 것이 믿음이 아니다.

외적인 가난이 아주 중요하다. 그러나 때때로 외적인 가난은 사람을 교만하게 할 때가 많다. 착실하게 기도에 참석한다는 사실이 그 사람을 교만에 빠지게 한다.

흰색이 모든 색깔 중에서 저 세상을 가장 잘 예표한다.

참된 봉쇄 구역은 마음 깊은 곳에 있다.

모든 인간적 걱정은 믿음이 없어서다.   2003. 8. 19. 오후

프란치스코의 유산은 가난의 유산이다.

형제들을 몸으로 비추어라.

끊임없이 내리는 은혜를 헤아릴 수 있는가?

그분은 말과 모범으로 길이 되셨다. 십자가에서 알몸으로 돌아가셨다. 이 길은 행복한 길이다. 하느님을 비치는 거울이 되어야 한다.

나의 믿음은 곧 프란치스코의 믿음이요 클라라의 믿음이며 모든 성인 성녀들의 믿음이다. 그렇게 해서 모든 성인 성녀들과 하나가 된다.

사랑에 파묻혀, 사랑 속에 젖어 성장한다. 어떤 슬픔과 괴로움도 이 사랑을 앗아가지 못한다.   2003. 8. 19. 밤

프란치스코의 유언에는 믿음이 충만해 있다. 믿음이 없이는 그의 유언을 이해할 수 없다.   2003. 8. 20. 오전

어려움이라고까지 할 수 없는 고통에서부터 시작해서 크나큰 고통에 이르기까지 모든 고통을 가지고 그리스도의 고통에 참여하면, 그 순간 비상이 이루어진다. 하늘 높이 오른다. 축복의 세계에 이른다.
        2003. 8. 22. 새벽

그리스도의 순수 때문에 그리스도는 구세주인 것이다. 어떤 죄악도 그 안에 녹아들어 간다.   2003. 8. 23.

교우들이 믿음들이 없는 줄을 몰랐다. 프란치스코는 그리스도에 대한 믿음만이 아니라, 교회, 나아가서는 사제에 대한 믿음도 있었다. 당시의 교회가 타락해 있었다는 것을 몰랐던 프란치스코가 아니다. 그리고 사제들의 어지러운 생활에 대해서도 몰랐던 프란치스코가 결코 아니다. 그럼에도 형제회를 교회에 맡기고 죽으려고 회칙의 인준을 교회에 부탁하였다. 그리고 사제들의 어지러운 생활에 대해서는 형제들이 입에 올리지 못하게 하였다. 그 이유는 교회와 사제를 비판한다 함은 교회와 사제에 대한 믿음이 없다는 뜻이 되기 때문일 것이다. 그렇다면 프란치스코의 믿음이란 어떤 것인가? 교회와 사제들을 이끄시는 분이신 하느님을 믿은 것이다. 따라서 현재의 교회와 사제가 부족한 면을 많이 보인다 해도 거기에 조금도 개의치 않은 프란치스코였다. 도무지 왜 저러는가 하는 걱정을 조금도 하지 않았다. 한 가정에서 부모들 밑에서 크는 자녀들처럼 걱정이 조금도 없었다. 이것이 믿음이다.

옆의 형제와 자매에게 문제가 있을 때에 그것을 문제 삼는 것은 하느님의 소관이다. 나의 소관이 아니다. 그토록 오랫동안 나를 기다려 주셔서 이제 내가 조금씩 사람 꼴이 되어 가는 것처럼, 지금 하느님은 당신의 자비로 그 형제와 자매를 기다리고 계신다. 이 때에 하느님의 자비가 그 부족한 형제를 통해서 나의 마음에 들어온다. 그러므로 믿음이 있는 자는 불평이 도무지 없고 자비만이 넘친다. 이 세상의 많은 문제들이 믿음이 없어서 생기는 문제들이다.

2003. 8. 23. 밤

2003년 9월

    교우들이 바라는 것은 달콤하신 하느님임을 알았다. 달콤한 위로를 원한다. 우선 칭찬을 바라고, 사람들이 보는 앞에서 선행을 함으로써 달콤한 보상을 기대한다. 그리고 편안함을 원할 뿐만 아니라, 일이 자기 뜻대로 잘 되어, 거기에서 위로를 받으려고 한다. 그러므로 숨은 선행은 절대로 안 할 뿐만 아니라, 역경을 싫어하고 역경에 처하면 하느님께서 자신을 버리신 것으로 여긴다. 그러나 불행하게도 하느님은 숨은 선행을 할 때에 다가오시며, 역경 안에 계신다. 그래서 프란치스코는 칭찬보다는 쓰라린 충고를 바랐고 역경으로 들어갔다. 자신을 변화시키는 충고와 역경을 통하여 고독 속으로 들어갔다.
    너무도 역겨워서 나환자촌에서 불어오는 바람에 고개를 늘 돌리던 그가, 나환자와 입맞춤을 하는 것은 고개를 돌리면 찾아오는 안락함과 편안함을 거부한 것이다. 친구와 어울리는 즐거움과 위로보다는 굴속을 찾아다녔다.
    현대인들에게는 위로를 받을 대상들이 많다. 우선 TV, 컴퓨터 (computer), 영화, 친구 만나기, 전화하기, 운동 등등.
    그러므로 관상 기도에 목말라하는 것도 안락함과 편안함과 달콤함을 마음으로 기대하기 때문이 아닌가 싶다. 그러나 희생 없이는 달콤한 관상은 불가능하다. TV, 컴퓨터 게임(computer game), 영화, 친구 만나기, 전화하기, 운동 중계 보기 등을 거부할 때에 다가오는 고독 속에 하느님이 계시다. 사막의 성자들이 그 대표적인 경우이며, 프란치스코는 음식까지도 거부하였다. 2003. 9. 8.

2003년 10월

저쪽과 완전히 통해야 한다. '나는 없음'을 깨달으면 통한다. 나의 것도 없고, 내가 하는 행위도 도무지 없다. 지성적 작용도, 의지적 활동도, 감성적 느낌도 모두 저쪽의 행위이다. 나는 도무지 없다. 저쪽이 이쪽이다.

이 때에 참다운 겸손과 순종을 깨닫게 된다. 겸손이란 '행위하는 나, 느끼는 나, 생각하는 나'는 없음을 깨달아서, 실질적으로 '나'가 없음을 깨닫고, 있다면 비천한 '나'만이 있음을 깨닫는 데에서 생긴다. 그러니 여기서 필연적으로 순종이 따라올 수밖에 없다. 순종에 행복이 있다.   2003. 10. 4. 아침

2004년 10월

수도 가족, 사회 가족, 지구 가족, 우주 가족, 천국 가족. 프란치스코의 교회 개념.
2004. 10. 2. 아침

그리스도는 하느님의 아들이다. 프란치스코는 하느님의 사자(使者)다. 하느님이 나를 통해서 나타났다. 하느님이 나타나서 숨을 쉰다. 하느님이 나타나서 먹는다. 하느님이 나타나서 잔다. 하느님이 나타나서 말한다. 하느님이 이렇게 나타났다. 나는 그 곳에서 왔다.
2004. 10. 3.

성부는 스스로를 의식할 수 없다. 자신의 내용인 성자를 통하여 자신을 바라보며, 흡족해 하신다. 나는 성부의 내용이며, 만물도 성부의 내용이다. 나를 통하여 만물을 바라보시며 흐뭇해 하신다. 그 성부의 기쁨이 나에게 사무친다.
2004. 10. 5.

모든 의식을 주관하는 주체, 보는 주인공, 내가 있는 그 자리, 모든 것을 바로 보는 지혜가 생긴다. 남의 허물을 탓하지 않는 자비가 인다. 나도 상대와 같았다. 모든 고뇌가 순식간에 사라진다. 깨끗하여 마음이 절로 닦인다. 2004. 10. 6.

바라보는 주인공으로서의 의지는 무한하고 순수하다.
2004. 10. 7.

이런저런 것들이 모여서 마음을 이룬 그러한 마음은 실상이 아니다. 마음의 실상은 무한이다. 2004. 10. 8.

시기, 질투, 모든 것이 '내 것'이 아니다. 싫음도 '내 것'이 아니다. 이를 깨달으면 초연해지며, 초월을 이룬다. 존재는 좋고 나쁨을 초월하여 있다. 좋음도 '내 것'이 아니다. 초월자가 나타날 때 좋음으로 나타난다. 좋은 마음을 쓰게 된다. 2004. 10. 9.

마음은 사랑으로 족하다. 사랑을 위해서 덕을 쌓아야 한다. 싫음도 내 것이 아니요, 좋음도 내 것이 아니다. 그 덕 중의 하나가 가난, 순종…. 2004. 10. 10.

마음은 의지다. 의지의 대상은 사랑이다. 바라보는 자도 의지다.

그런데 마음을 바라보지 않는가? 　　　　　　　2004. 10. 11.

　마음은 하느님을 담는 그릇이기에 무한하다. 그런데 그 무한한 마음을 채워 보려고 방황한다. 마음은 하느님의 사랑을 만날 때에 방황을 멈춘다. 　　　　　　　　　　　　　　　　2004. 10. 12.

　절대 고요와 단순이 마음 저편에 있다. 그런데 그 절대 고요와 단순을 바라보는 나도 절대 고요와 단순이다. 그리스도교의 결점은 마음의 대상에만 집중하는 것이고, 불교의 결점은 바라보는 나에게만 집중하는 것이다. 둘이 하나임을 최후에 깨달아야 한다.
　　　　　　　　　　　　　　　　　　　　　　　2004. 10. 13.

　마음에 올바른 사랑을 담기 위해서는 십자가를 져야 한다. 실천에서 오는 결과를 담아야지 실천 없는 결과를 담으면 정상에서 벗어난다. 이상한 사람의 공통점은 실천이 없는 점이다. 노력하지 않는 노력이야말로 가장 해야 할 실천이다. 　　　　　　2004. 10. 14.

　성자성에 충실할 때, 순수이신 성부를 발견한다. 　2004. 10. 15.

　모든 것이 빛 안에서 사라진다. 빛만이 남는다.
　이것이 그것이고, 그것이 나다.

영혼과 하느님이 일치하면 모든 것이 끝이다.

이 속에서는 인간 깊숙이 자리 잡은 교만은 절대로 해결이 불가능하다. 빛으로 쪼임을 받아야 교만은 사라진다.

나와 하느님과의 관계는 주인과 종의 관계다.

모든 것을 내 것으로 하지 않음으로써 초월하여 바라보게 된다.

육신은 원래가 그 꼴이다. 바라보는 존재가 나다.

이 바라보는 자와 저 바라보는 자가 하나다.

육신은 교만하다. 그런 거다. 빛이 있어서 좋다.

육신적 고통도 빛으로 위로를 받는다. 아래는 위와 함께 있어야 한다.

아무것도 아니 하는 것을 '수스티네레'(sustinere, 견디다)라 한다. 나의 마음을 어둡게 하는 사람으로부터 받는 어두움을 어쩌려고 하지 않는다.

어린이는 현재적이며 가식이 없고 믿음이 강하다.   2004. 10. 19.

내가 선(善)이 되려면 선을 관상해야 한다. 산등성이를 넘어 고개를 넘어가듯이 선으로 초월하여, 선이 되어 선에서 육신을 바라봐야 자유인이 된다. 둘이 하나다. 안도의 한숨을 쉬게 되는 행복의 순간은 내가 선이 되었을 때다. 선이 되어 인간과 우주와 만물을 바라보기란 너무도 행복하다. 지금.

점은 행위 하나를 철저히 독립적으로 만들면서, 동시에 존재와 연결시킨다.

다른 게 섹스(sex)를 뭐 해? 그 놈이 하는 것이지. 그것이 다지.

지금 앉아서 과거나 미래를 생각하는 쓸데없는 생각을 집어치워야 한다.

먹을 때는 먹는 것이 다이어야 한다. 더 다른 존재가 필요 없다. 이것이 더 순수하다.

먹을 때에 먹음만이 있다.

힘줄이 움직인다? 움직이게 하는 것이 뭐냐? 없다. 얻을 수도 없고 버릴 수도 없다.

바로 이렇게 하는 이것이 뭐냐? 모든 답이 나왔다.

내가 나만큼 믿는다. 그래서 나를 키워야 한다.

마음의 무한성.

알 수 없는 그것이 '말하는 나'다. 성자가 다다. 지금 밥 먹는 이것이 모두다.

100% 그것을 한다. 바이올린(violin). 그것이 도(道)다.

잠잘 때는 잠자는 가운데 있다.

일할 때는 일하는 가운데 있다. 느껴서 일이 된다. 먹을 때 말할 때 알 수 없는 놈으로서 있다.

성자는 철저히 독립적이면서 철저히 종속적이다. 독립적일 때에도 거기에 성령은 있고, 종속적일 때에도 거기에 성령은 있다.

이것은 이거다.

말이 다다. 일이 다다. "말이 다다"라고 하면 거기에 있다.

확인된 알 수 없음. 도저히 알 수 없음.

있는 것도 아니고, 없는 것도 아니다. 있으면 여기 있다고 할 수 있다. 없다면 뭐가 말하는가?

대도무문(大道無門).

내가 사라져서 우주 가족과 하나가 됨.

자연스러움. 목욕탕 청년. 자연스러우면 천국이 매 순간 펼쳐진다.

지금 마음 쏟음 그 자체가 경지다. 그것이 도다. 그것이 마음이다. 신의 소리다. 지금 선과 연결되어 있다.

살아 있기 때문에 그렇게 새롭게 바라볼 수 있다. 그렇게 깨어 있으니 늘 그러하기 때문에 그것이 나다.

인과가 따르니, 조심할 수 있고, 좋은 일을 할 수 있고, 단속할 힘이 생긴다.

깨어 있는 이것이 나다. 심연의 마음을 응시하는 깨어 있는 이것이 나다. 참 나가 따로 있는 것이 아니다.　　　　　2004. 10. 21.

2005년 4월

생명을 얻었다. 연주자를 보는 나는 없다. 연주하는 연주자도 없다. 주객이 일치한다. 나는 연주하는 자다. 연주하는 자가 나이고, 보는 자가 나이다. 생명이 태어난다.

생명은 생명을 줄 때에 태어난다. 이 생명은 목숨이요 사랑이다. 이 생명이 말을 한다. 이 생명은 영원하다. 나는 생명이다. 나는 부활이요 생명이다. 그것은 그 자체로 말씀이다.

그것을 들었다. 보았다. 살을 만져 보았다. 살을 먹었다. 살과 접촉하였다. 그것은 살이요 생명이다. 영이다. 영이 살로 표현된다.

만물이 생명이다. 살만이 생명이 아니다. 물론 빵도 생명이다. 만물이 생명의 빵이다. 생명의 말씀이다.

역사의 나는 내가 아니다. 이것을 알면 분명하게 그 뒤가 떠오른다. 생명의 의도가 신비로 드러난다. 공부를 해도, 운동을 해도, 낙을 즐겨도, 거기에는 분명히 보이지 않는 의도가 있다. 신비가 드러난다.

생명은 성자다. 성부는 보이지 않는 의도요, 성령은 신비다.

2005. 4. 16.

2005년 7월

주변의 어려운 상황 앞에서 내가 할 수 있는 유일한 일은 나의 희생이다. 그러면 그 희생이 부족한 상황을 원활하게 돌아가게 하는 하나의 부속품이 되어, 전체가 다가온다. 하나가 다가온다.

늘 불안하고, 늘 변명하고, 늘 주위를 탓하고, 늘 억울해 하고, 성무일도나 복음서를 늘 틀리게 읽고, 일 앞에서 늘 몸을 뒤로 빼고, 얼굴은 늘 찌푸리고, 자리는 늘 귀퉁이에만 앉으려는 형제가 있다. 그 앞에서 내가 할 수 있는 유일한 일은 그로 인하여 어두워지는 내 마음에 그저 잠기는 일뿐이다. 그저 괴로움 안으로 빠져드는 일뿐이다. 십자가를 지는 일뿐이다. 그러면 하느님 나라에 들게 된다. 하느님의 정결함으로 그를 씻어 줄 수 있다.

나의 부족함 앞에서 그리스도께서 할 수 있는 유일한 일은 그저 십자가를 지시는 일일 뿐이다. 이것을 깨달으면 나의 부족함인 내 안의 구더기성이 사라진다. 벌레성이 사라진다. 나환자성이 사라진다. 모든 욕망이 사라진다. 그러면 평화가 뒤따라온다. 고요가 뒤따라온다. 영원이 펼쳐진다. 그리스도께서 지금도 나를 씻으신다.

2005. 7. 6. 홍천

완전히 상대방의 먹이가 되어라. 먹이가 되어 사라져라. 그렇게 해서 그와 일치하여라. 죽이면 죽고, 살리면 살아라. 욕을 하면 욕을 받고, 칭찬을 하면 칭찬을 받아라. 나는 없다. 나는 없음이다.

성체로써 그리스도께서는 인간과 하나가 되었다. 빵이 되어 인간의 먹이가 되셨다. 그렇게 해서 그리스도는 내가 되었다. 나는 그리스도가 되었다. 그리스도께서 그렇게 없음이시라면, 그리스도와 하나가 되었으니 나도 없음이 되었다.

그리스도는 나의 모든 행위에 없음으로써 나와 하나가 되신다. 내가 죄를 지으면 죄의 밥이 되신다. 없음으로 존재하신다. 내가 선행을 하면 선행 안에 없음으로 존재하신다. 만물 만사 만인 앞에서 나는 없다. 그렇게 나는 어디에나 어느 때나 있다.

2005. 7. 8. 양덕원

2005년 8월

"내가 하느님의 자비에 힘입어 여러분에게 권고합니다. 여러분의 몸을 하느님 마음에 드는 거룩한 산 제물로 바치십시오. 이것이 바로 여러분이 드려야 하는 합당한 예배입니다. 여러분은 현세에 동화되지 말고 정신을 새롭게 하여 여러분 자신이 변화되게 하십시오. 그리하여 무엇이 하느님의 뜻인지, 무엇이 선하고 무엇이 하느님 마음에 들며 무엇이 완전한 것인지 분별할 수 있게 하십시오"(로마 12,1-2). 2005. 8. 25.

무(無)에 자비가 임한다. 영혼에 성령이 임한다. 영혼이 성령으로 바뀐다. 무에 찬란한 광채가 임한다. 2005. 8. 26.

2005년 9월

죄의 용서: "나도 전해 받았고 여러분에게 무엇보다 먼저 전해 준 복음은 이렇습니다. 곧 그리스도께서는 성경 말씀대로 우리의 죄 때문에 돌아가시고 묻히셨으며, 성경 말씀대로 사흘날에 되살아나셨시어, 케파에게, 또 이어서 열두 사도에게 나타나셨습니다"(1코린 15,3-5).

사람의 영혼 자체는 모두가 똑같으나, 영혼은 없음이기에 여기에서 덕이 흘러나오고, 덕행이 이루어진다. 이 덕행에 의해서 없음이 그려진다. 여기에 따라서 각자의 영혼이 달라진다.

이렇듯이 보이지 않는다. 화면에 장면이 펼쳐지면, 화면은 없지 않은가? 장면만 있지 않은가? 화면은 완벽하게 숨어 있다. 세상이 다다. 성자가 다다. 그러나 숨어서 말한다. 그렇게 그것이 다 한다.

1요한 4,14-15: 예수 = 하느님의 아들 = 하느님 (완벽한 숨음)

빵이 나다 = 아무것도 아니다 = 완벽한 숨음의 내용

아무것도 아니기 때문에 나타난 것이 다다. 그런데 실제로는 그것이 그렇게 다 한다 = 삼위일체.

영혼도 숨어 있다. 몸으로 나타난다. 이 나타난 것이 다다. 나타나 보이고 행동하는 것이 영혼이다. 그것이 다 한다.

2005. 9. 6. 아침

없음이시여, 그렇게 하나뿐이신 당신의 뜻만이 이루어지소서. 영원한 유산이나이다. 그 하나의 뜻에 맞추면 참된 자유가 열린다.

2005. 9. 7.

사랑과 사랑의 본체는 다르다. 사랑은 느낄 수 있으나 그 본체는 인식을 넘어 있다. 그러나 거기까지 가야 한다. 그것은 아무것도 아니다. 마음이, 바탕이 원래 그렇다. 그것은 점이요, 가난이요, 자유다.

2005. 9. 10.

아무것도 아닌 것이 모두를 포용한다. 말구유가 그렇고, 십자가가 그러하며, 성체가 그렇다.

2005. 9. 12.

주체가 행위 안에 있다. 이를 깨달으면 참으로 기쁘다. 즉시 삼위일체에 든다. 그러므로 순수하게 행위만 하면 된다. 그리스도의 인성에 최고의 경지로 참여하는 것이다.

2005. 9. 15.

대림 특강 준비 3

성탄은 동지 지나서 즉시다. 동지 이후로는 날이 길어지는 때다. 예수를 모시면 빛이 밝아진다는 것을 가르친다.

예수님이 오실 때 만상이 고요히 잠드는 한밤중이었다. 금, 향, 몰약 = 사랑, 기도, 극기.

베들레헴에 탄생하셨다. 우리도 가난하고 겸손하게 아무도 모르게 행할 때 예수님이 된다. 많은 사람들이 성탄절이 되면 치장만 한다. 가난하고 겸손한 목동들에게 나타나셨다. 집도 없이 땅바닥에 나셨네. 나는 머리 둘 데도 없네. 무(無)이시다.

2006년 1월

　침묵적 존재가 처음에는 밖에서 다가오나, 단 며칠만(약 7 일) 그 존재를 관상하면 그 존재는 어느새 나와 하나가 되어, 덕을 형성하며 이어서 덕행에 접어들게 된다. 그 침묵적 존재가 나의 양심을 이룬다. 나는 덕이 되어 선택을 자유롭게 하게 된다.　　　2006. 1. 1.

　덕 안에서 우리는 각자다. 저쪽은 나다. 저쪽의 결함은 나의 결함으로서 내가 괴롭고, 저쪽의 영광은 나의 영광으로서 내가 기쁘다. 그러므로 덕 안에 들지 않고는 괴로움에서 벗어날 수가 없다.
　　　　　　　　　　　　　　　　　　　　　　　　　2006. 1. 2.

　괴로움의 십자가는 침묵으로 다가온다. 침묵적 존재를 내외적으로 만나서 그 존재와 하나 되어 밝은 선(善)을 만난 사람이라면, 모든 십자가는 즉시, 아니면 잠시 후 선으로 바뀐다.　　　2006. 1. 3.

　불교는 모호한 측면이 있다. 그러나 가톨릭은 아기 예수, 십자가,

그리고 성체를 통해서 하느님이 확실하게 드러난다. 하느님 자신을 "있는 자 그로다"라고 확실하게 명명한다. 그러나 불교에서는 되도록 이름 짓기를 피한다. 하느님을 알게 되면 불교에서 모호하게 하는 말들을 알아듣게 된다. 우리의 토양이 불교이기 때문에 불교를 무시할 수 없다. 2006. 1. 4.

그리스도 안에 머무는 사람은 아무도 죄를 짓지 않는다. 죄를 짓는 자는 모두 그분을 뵙지도 못하고 알지도 못한다. 하느님을 아직 모른다면 그리스도의 도움으로 찾을 수 있고, 하느님을 찾았다면 믿을 수 있고, 그분을 믿는다면 알아 모실 수 있다. 2006. 1. 5.

하느님께서는 당신 자신에 대한 사랑을 명하시고, 그 다음 이웃에 대한 사랑을 명하셨다. 그러나 하느님을 아무도 본 사람이 없으니, 우리는 먼저 이웃을 사랑하고 그 사랑이 어디서 나오는지를 살펴야 할 것이다. 하느님은 항상 빛나고 계신다. 그 빛을 만나게 하는 것은 이웃이다. 이웃이 우리와 함께 있다. 그러므로 나도 이웃을 도와야 한다. 2006. 1. 6.

나의 모든 행위는 영원이 한다. 손톱 깎는 일, 똥 누는 일, 공부하는 일, 웃는 일, 운동하는 일, TV 보는 일 등등 모두. 그리하여 나는 진정한 자유를 얻게 된다. 내가 하는 모든 행위는 덕이다. 하늘과 내가 만났다. 하늘이 나를 자신의 품 안에 껴안았다.

대자연도 영원의 표시이다. 대자연이 영원이다. 물도, 책도, 시계도, 컴퓨터도 영원이다. 사람은 말할 나위도 없다. 영원이 쑥 앞으로 나온 것이 사람이다. 2006. 1. 7.

조금만 하고 기다린다. 꼴찌가 된다. 욕심을 내지 않는다. 천한 일을 한다. 꾸준히 한다. 서두르지 않는다. 그러면 영원이 다가온다. 2006. 1. 8.

기도와 미사는 자비에 깊이 드는 행위다. 2006. 1. 9.

염소 새끼들과 놀 듯 사자들과 놀고, 어린 양과 놀 듯 곰과 놀았다. 돌팔매로 골리앗의 교만을 꺾었다. 그는 모든 일을 하면서 거룩하고 지극히 높으신 분께 영광의 말씀으로 찬미를 드렸다. 주님께서는 그의 죄악을 용서해 주시고 그의 힘을 대대로 들어 높이셨으며, 그에게 왕권의 계약과 이스라엘의 영광스러운 왕좌를 주셨다.
2006. 1. 10.

바르고 착한 마음으로 하느님의 말씀을 간직하여, 인내로써 열매를 맺는 사람들은 행복하여라! 2006. 1. 11.

광야에서 외치는 이의 소리다. 소리와 말. 시간과 영원. 질료와 형상. 의식과 무의식. 음과 양, 보이는 것과 보이지 않는 것.

2006. 1. 12.

"그분 안에 머무르는 사람은 아무도 죄를 짓지 않습니다. 죄를 짓는 자는 모두 그분을 뵙지도 못하고 알지도 못한 자입니다"(1요한 3,6).

2006. 1. 13.

"하느님께서 우리에게 영원한 생명을 주셨고 그 생명이 당신 아드님에게 있다는 것입니다. 아드님을 모시고 있는 사람은 그 생명을 지니고 있고, 하느님의 아드님을 모시고 있지 않는 사람은 그 생명을 지니고 있지 않습니다"(1요한 5,11-12).

2006. 1. 14.

"그는 외치지도 않고 목소리를 높이지도 않으며 그 소리가 거리에서 들리게 하지도 않으리라"(이사 42,2).

2006. 1. 15.

"주님, 임금이 주님의 힘으로 기뻐하나이다"(시편 21,2). 영원이 나의 주인이다.

2006. 1. 16.

"주님께서 나를 보내시어, 가난한 이들에게 기쁜 소식을 전하고 잡혀간 이들에게 해방을 선포하게 하셨다"(루카 4,18).

2006. 1. 17.

"다윗은 자기의 막대기를 손에 들고, 개울가에서 매끄러운 돌멩이 다섯 개를 골라서 메고 있던 양치기 가방 주머니(망태)에 넣은 다음, 손에 무릿매 끈을 들고 그 필리스티아 사람에게 다가갔다"(사무 17,40).
                                                          2006. 1. 18.

"그들의 마음이 완고한 것을 몹시 슬퍼하셨다"(마르 3,5).
                                                          2006. 1. 18.

나는 주님과 늘 하나다. 하나라고 말을 할 필요도 없다.
                                                          2006. 1. 20.

깨달음이란 알고 보면 아무것도 아니다.   2006. 1. 22.

깨달음을 향해 떠나는 사람들은 결코 깨달을 수 없다. 다시 돌아와야 깨달을 수 있다. 원래의 일상으로 돌아와야 깨달을 수 있다.
                                                          2006. 1. 24.

다 그런 거지 뭐! 그걸 가지고 어떻게 해 보려고 하면 그 때부터 문제다. 이 세상에 문제가 될 것이 아무것도 없다.   2006. 1. 26.

평화와 영원은 코앞에 있다.   2006. 1. 28.

방황보다 서글픈 일이 없다.   2006. 1. 30.

2006년 2월

지금 그냥 그렇게 지금 상황에 머물러. 더 이상 아무것도 바라지 말고. 더 이상 생각도 하지 말고. 만약에 조금이라도 움직이면 죽는다.

2006. 2. 1.

아무것도 아니다. 허탈할 것이다. 지금까지의 방황이 서러울 것이다.

2006. 2. 2.

아무것도 할 일이 없다. 다른 사람의 어두움이 나에게 오면 오는 것이고, 성적 자극을 받으면 받는 것이고, 그 모든 것에 동의만 하지 않으면 된다. 동의만 하지 않으면 주님이신 영원이 펼쳐진다.

2006. 2. 5.

나는 없다. 비록 악심이 일고, 또 선심이 일지라도 거기에 나는 없다. 왔다 가는 것이니 어느 것에도 연연치 말고 그저 그렇게 있는 것이다. 이것이 가난이다. 이런 것들을 나의 것으로 하면 하느님을 만나기란 이미 글렀다. 나의 구더기성(악심)을 없애려면, 그것을 없애려 하지 않으면 된다. 그저 그런 거다.　　　　2006. 2. 6. 새벽

　마음에 들지 않아서 괴롭고 힘들면 괴롭고 힘든 거다. 거기에 어떤 인위적 노력을 가하여 괴로움을 벗어나려 하는 것이 화근이다. 그 괴로움을 달게 받는 것이다. 그러면 낮과 밤을 만들어 내는 지구를 떠나서 초월의 세계에서 노닐게 된다. 그 초월의 세계는 마음에 들고 안 들고가 없는 세계가 아니라, 마음에 들지 않아서 괴로워도 그 괴로움이 조금도 문제가 되지 않는 세계다.　　2006. 2. 6. 미사 후

　마음에 혼란스런 생각이 있다는 것은 믿음이 없다는 증거다. 프란치스코의 어린이 같은 믿음이 있으면 마음 안에 생각을 일으키는 그 놈이 사라진다. 불안이 사라진다. 그것이 사라지지 않고는 무엇을 해도 허무하다. 그것이 사라지면 모든 것이 있는 그대로 가슴으로 들어온다.　　　　　　　　　　　　　　　　2006. 2. 7.

　만물은 그것으로 다다. 충실한 성자성을 지닌다. 그럼으로써 성부와 성령이 나타난다.
　만물과 만사 만인으로부터 성부와 성령이 도래하려면, 그것들을 있는 그대로 봐야 한다. 있는 그대로 하는 것은 그것들을 보고 생각하지 않는 것이다. 그대로 오감을 통하여 나의 마음으로 들어오게 할 때 가능한 것이다. 그 때에 미지의 고요로 들게 된다. 그러니까

얻고 버리고 추구해서 도달하는 미지의 고요가 아니라, 있는 거기에서 직접 도달하는 것이다. 2006. 2. 8.

무엇에 대하여 생각을 하면, 이는 그것을 나의 것으로 하는 것이다. 생각을 멈출 때에 모든 사물, 사건, 인물이 살아서 나에게 들어온다. 2006. 2. 9.

잠시 괴로워도 생각을 멈추고 그것을 가슴에 담고 있기만 하면 그것이 고요로 변한다. 이것이 수스티네레(sustinere, 견디다)이다. 고요로 변화시키는 것은 하느님의 활동이다. 내가 여기까지 변화시키려고 하기 때문에 안 되는 것이다. 하느님께서는 그 일을 하시기를 학수고대하신다. 하느님께 일거리를 드려야 한다. 2006. 2. 9.

1자(字) 위에 나를 옆으로 늘 누여서 십자가를 만든다. 그리고 늘 겸손의 나락으로 떨어진다. 2006. 2. 9.

믿음은 미래에 자유로운 것이며, 현재에도 자유를 준다. 웃으면 웃는 것으로 다고, 울면 우는 것으로 다다. 그러면 울어도 웃어도 영원이 펼쳐진다. 2006. 2. 10.

모든 사물은 그것으로 다다. 영원이 그렇게 현시되었다. 이 때에 유리알 같은 순수가 다가온다. 이것이 순수이신 성령이시다. 사물은 성자성을 지닌다. 영원은 곧 성부이시다. 그러므로 모든 사물을 있는 그대로 보게 된다. 삼위일체 안에서 보게 된다.   2006. 2. 11.

현재에 가장 충실한 것은, 현재의 최소 단위인 숨쉬기에만 충실한 것이다. 숨 쉬는 것이 다다. 다른 생각은 할 필요가 조금도 없다. 걱정은 더 할 나위 없다. 마음 편히 숨만 쉬고 있는 것이다. 숨은 점의 마지막 점이다. 현재의 마지막 현재이다. 그 이상의 최후는 없다. 이 최후에 아무 생각 없이 머무는 것이 모두다.   2006. 2. 11.

만물에 그대로 머물면('만물이 다다'에 머물면) 유리알 같은 순수한 영이 다가오고, '만물은 없다. 있다면 오직 무한뿐이다'에 머물면 평화와 고요의 영이 다가온다. 더 나아가서 '나는 없다' 할 때에 '나'(ego)가 사라진다. 늘 '나'가 짐이기 때문에 '나'가 사라질 때 홀가분하게 되고, 이것보다 더 좋은 것이 없다. 에고(ego)가 사라져야 편안하다.

중독이 되어 끊어 버릴 수 없이 푹 빠져 있는 것을 통하여 신비인 불확실성(uncertainty)에 들어간다. 모든 것은 신비로 통한다.

성자는 성부와 늘 하나이듯이 나의 모든 행위는 즉시 신비와 통한다. 똥 누는 것, 웃는 것, 먹는 것, 책상 앞에 앉아 있는 일 등 모두가.

따로 특별한 일을 할 것이 없다. 전처럼 그저 살기만 하면 그뿐이다.

    내가 하는 모든 작은 행위까지(숨쉬기까지) 모두가 다 좋다. 그렇게 신비와 통한다. 그러니 따로 할 일이 없다. 그뿐이다.

2006. 2. 12. 새벽

    모든 가능성을 포기하는 절망에서 참다운 희망이신 하느님의 싹이 솟기 시작한다. 난 모른다. 일체를 모른다.
    서민들과 하나가 되어야 정신적 바탕이 튼튼해진다. 홀로 귀족적 의식에 사로잡혀 있으면 늘 불안하다. 그리스도만이 아니라 프란치스코도 서민의 마음을 그대로 지녔었다.

2006. 2. 13. 새벽

    맑고 밝은 삼위일체. 삼위일체는 서로 간에 빛을 쪼일 공간이 없다. 거리가 없어서 빛을 비추일 수가 없다. 그것은 완전한 사랑이다. 그러나 덕에서는 거리가 있어서 성부로부터 빛을 받는다. 모든 어려운 문제는 이 빛으로 녹아 버린다. 모든 문제가 해결된다.

2006. 2. 14. 새벽

    아무것도 할 일이 없다.
    나의 밖에서나 안에서 일어나는 현상들은, 그것들이 성스러운 일이건, 아니면 욕망의 꿈틀거림이건, 아니면 분심이건, 모두가 다 그저 그런 것이다. 이 모든 것들을 그저 그런 것으로 여기고 그로부터 조금도 미동하지 않으면 평화와 고요가 덮친다. 그저 그런 것으로 여김을 순종이라 하며, 그것을 어찌해 보려고 시도하지 않는 것을 가난이라고 한다. 그것을 어찌해 보려고 시도한다 함은 그것을 일단 나의 것으로 취하는 것이기 때문이다.

십자가에서 꼼짝도 아니 하시고 순종으로 돌아가신 우리 주 예수 그리스도께서는 그렇게 십자가 위에서 꼼짝도 하지 않으심으로써 천지를 뒤흔들어 놓으셨고, 천지에 우렁찬 소리, 지금도 가득하다.

순종과 가난이 나를 살린다. 순종과 가난의 덕만이 전해야 할 덕이다.   2006. 2. 15.

'에고'(ego)가 없으면 그것이 겸손이요, 이 겸손이 있을 때에만 모든 것을 나의 것으로 하지 않는 가난이 있다. 이러한 가난한 상태를 계속해서 유지하는 것이 순종이요, 이 순종을 할 때에만 성부와 성자가 하나이듯이, 나는 성부와 늘 하나가 된다.   2006. 2. 21.

만약에 너의 병을 고치는 데 나의 사랑이 필요하다면, 네가 나에게 원하는 것이 무엇이든지 나는 그것을 하겠다. 목숨을 요구한다면 나의 목숨까지도 내놓겠다. 이미 내놓았다. 그리고 죽었다. 너의 생명과 나의 죽음은 사랑의 관계다. 네 앞에서 나는 죽었다. 너는 늘 너를 내세우고 주장한다. 너의 그 모든 것 앞에서 그것을 받아들이는 나의 죽음으로 사실은 네가 죽었다. 네 앞에서 내가 완전히 사라짐으로써 너는 스르르 녹아 버렸다. 너의 직성이 풀렸다. 그리하여 너는 완성되었다. 너의 어두움이, '에고'(ego)가 사라졌다. 흐물흐물해졌다. 동시에 그윽한 사랑의 하늘 나라를 너에게 전달하였다.

이 사랑은 나의 인간성을 회복하며 나의 모든 결점이나 정신적인 병까지도 치유를 하여 굽은 것을 곧게 편다. 병든 자유까지 치유한다. 자유가 섰다.

깨달음에는 반드시 십자가의 깨달음이 첨가되어야 한다. 스님들이 깨달음만을 말하니 행위가 문란하다.

평상심으로 들어가라. 평상심이 고요의 바다다. 2006. 2. 22. 아침

"무어가 하기 싫다? 그런 거지 뭐". 이러한 마음가짐을 "십자가를 달게 받는다"고 한다. "그런 거지 뭐" 하고 조금도 그 자리에서 움직이지 않을 때에 자유가 산다. 2006. 2. 22.

우리의 죄 때문에 그리스도께서 돌아가셨다. 내 안에 죄가 있다. 분노할 때에 끓어오르는 것이 있다. 그것이 그리스도의 십자가로 맥이 풀렸다. 그리스도의 죽으심으로 사라졌다. 죄가 사라졌다. 천국이 파도처럼 밀려들어 왔다.

공부가 하기 싫다. 공부하기 싫어하는 것이 있다. 그것이 그리스도의 십자가로 맥이 풀렸다. 그리스도의 죽으심으로 사라졌다. 공부하기 싫어하는 것이 사라졌다. 그 조그만 것을 위하여 목숨을 끊으셨다. 그러나 결코 조그만 것이 아니다. 그것 때문에 내가 불행하다.

2006. 2. 22. 밤

병든 자유를 고치시고, 병적인 성향을 고치셨다. 이 두 가지를 고치시면 인간의 모든 것을 고친 것이다. 고쳐지니 평화롭다. 평화를 관상한다.   2006. 2. 22. 밤

"알 수 없음 = 불확실성(uncertainty)" 앞에서 그 불확실성을 내가 조정하지 않는 에고(ego)가 빠질 때 불확실성은 평화로 다가온다. 불확실성을 믿는 것이 신덕이다. 이 신덕은 인내한다.

물건을 포기했을 때의 부족감(가난), 아내가 없을 때의 부족감(정결), 어디를 향하여 떠났을 때의 미지에 대한 불안(나그네 생활), 물건이 풍족하지 않을 때의 불안 등등은 나를 즉시 신비로 이끈다. 가난의 덕은 하느님이요, 정결의 덕도 하느님이요, 그래서 나그네 생활은 하느님과 함께 하는 생활이다.

누군가가 그립다. 그런데 누구인지도 모르는 그가 지금 나타나지 않았다. 부족하다. 그 부족함이 하느님이심을 알 때에 가난의 덕이 생긴다. 밥을 부족하게 먹는다. 그는 하느님과 함께 한다는 뜻이 된다.

덕을 모르는 자는 하느님을 모르는 자이다. 깨달음에 덕이 동반하지 않으면 그 깨달음은 열매를 맺지 못한다. 깨달음 없는 덕은 빈 쭉정이 덕이다. 프란치스코의 여섯 가지 덕은 사랑, 순종, 겸손, 가난, 그리고 지혜와 단순성이다. 지혜와 단순성은 다른 네 가지 덕의 기초요 원천이다. 그런데 이 단순이란 '순수하고 거룩한 단순'(La pura e santa semplicitá)이다.   2006. 2. 23. 밤

노동력이란 하느님께로부터 받은 선물이다. 무상으로 받은 선물

이다. 따라서 무상으로 일을 해야 한다. 무상으로 일을 하면 무상으로 베푸시는 하느님과 함께 하게 된다. 내가 노동(번역)을 할 때에 이 노동은 무상으로 베푸시는 하느님의 자비를 닮는 행위이다.

2006. 2. 23.

덕을 닦는다. 덕을 넓힌다.

단순은 순수다. 수정 같은 순수다.

죄는 덕을 모르는 데에서 온다. 덕은 전화위복의 세계다.

덕이 나의 주인이요, 나를 이끈다.

부족한 아내를 견디지 못함은 덕이신 하느님을 몰라서다. 형제들의 부족함을 견디지 못함도 마찬가지이다.

하기 싫은 것을 하는 것이 덕이다. 배고픈 것을 견디는 것이 덕이다. 보기 싫은 사람을 보는 것이 덕이다. 듣기 싫은 음악을 견디는 것이 덕이다. 귀찮은 일을 하는 것이 덕이다. 어려운 일을 미루지 않는 것이 덕이다. 게으름은 덕의 반대다. 좋아하는 일을 하지 않는 것도 덕이다. 예쁜 것과 아름다운 것을 찾지 않는 것도 덕이다.

덕 안에서 그리스도와 결혼한다. 이 세상에서 덕밖에 좋은 것이 없다.

2006. 2. 24. 아침

아무것도 하지 않음 = 단순 = 순수 = 주인 = 중추

믿음 = "아무것도 하지 않고, 울게 되면 울고, 웃게 되면 웃는 것이다"라는 것을 깨닫는 것이다. 단순하다. 그래서 기쁨도 피하지 않고 슬픔도 피하지 않는다. 그러면 흔들리는 버스 안에서 나를 안아

주는 할아버지가 그 자체로 거기에 계시다. 순수의 아버지가 연기 아래에서 떨어지는 나를 받는 것을 그 자체로 느낀다.

2006. 2. 25. 아침

지혜와 단순의 덕은 깨달음의 차원이다. 이 깨달음에 가난과 겸손, 사랑과 순종의 덕이 가세할 때에 모든 것은 끝난다.

"믿는 이의 마음에 당신들을 부어 주시어"(「동정녀 인사」) 믿음과 덕은 바늘과 실이다.

교회의 바다 안에서 물고기인 덕이 노닌다.

지혜란 단순의 습관이다.

가난의 덕: 가난이 하느님이다. 배고픔이 하느님이다. 부족함이 하느님이다. 어려움이 하느님이다. 결핍[性, 食]이 하느님이다. 싼 물건이 하느님이다. 보잘것없는 사람이 하느님이다.

겸손의 덕: 나의 주장이 없어짐이 하느님이다. 내가 빠짐이 하느님이다. 대화에서도 최소로 말의 횟수를 줄이는 것이 하느님이다.

사랑의 덕: 상대가 원하는 것이 무엇이든지 그 원하는 것을 받아 줌이 하느님이다. 상대방의 부족함을 따지지 않고 묻지 않음이 하느님이다.

순종의 덕: 말도 안 되는 명령을 따르는 것이 하느님이다. 어려움과 귀찮음을 택하는 것이 하느님이다.   2006. 2. 25. 밤 11시 30분

모든 병적인 요인들이 그리스도의 희생적 사랑으로 치유되었다. 굽었던 것이 곧아졌다. 이어서 마음에 전개되는 것을 선(善)이라 한다. 이 선이 덕(德)과 연결된다. 덕은 존재로서 늘 우리들의 뒤에서 우리를 바라본다. 이 바라보는 존재와 육신적 존재의 오고 가는 교감이 사랑이다. 깨가 쏟아진다. 2006. 2. 26. 새벽

악습을 고치는 것은 덕(德)뿐이다. 2006. 2. 26. 오후

만물은 무상(無償)으로 하느님께서 인간을 위하여 만들어 주신 것이다. 그러므로 만물로부터 하느님의 사랑을 느낄 수 있다. 따라서 동냥을 할 때에 동냥을 하는 사람이나 동냥을 주는 사람이나 사랑을 느낀다. 2006. 2. 27. 아침

2006년 3월

프란치스코가 말하는 소위 흔들리지 않고 인내함에 참 기쁨이 있다 함은 외면하고 동의하지 않고 모른 척하는 것이다. 정말 기쁨이 온다.   2006. 3. 1.

세상은 새까맣게 사라진다. 있다면 오직 성부뿐이다 = 덕(德)

테니스 시합에서 득점을 하든지 실점을 하든지 감정 표현을 하지 않는다. 기쁜 감정이나 불쾌한 감정이나 모든 감정을 외면한다 = 덕

나의 모든 기능과 능력들이 내 것이 아니다 = 덕

미운 생각이나 증오심이 일어도 그러한 생각과 마음을 모른 척한다 = 덕

어디에나 널려 있는 덕을 택한다 = 만덕(萬德)

모른 척한다 = 외면한다 = 동의하지 않는다 = 덕

모든 욕망(식욕, 성욕 등)이 일어날 때, "그래, 그것이 어때서?"라고 말하는 것은 곧 그에 동의하지 않는 것이다 = 덕   2006. 3. 6.

재산을 포기한 수도자들에게 수도자라는 것이 또 하나의 재산이 된다. 더러운 것이다. 나는 본질적으로 없음을 깨달아야 한다.

2006. 3. 7. 새벽

덕의 길이 하느님께 가는 길이다. 다른 길은 없다.　　2006. 3. 11.

프란치스코는 그리스도의 거울이고, 그리스도의 십자가는 하느님의 거울이다. 모든 것이 하느님의 거울이다. 자연도 하느님의 거울이요, 나도 하느님의 거울이다. '나'라는 에고(ego)만 빠지면 순수하고, 단순하고, 찬란하고, 상쾌한 성부와 늘 함께 할 수 있다.

2006. 3. 11. 밤

선을 반복하는 것이 덕이다. 반복된 선이 덕이다. 어디에나 널려 있는 선을 반복적으로 택하는 것이 덕이다. 그런데 이 길에는 반드시 인내가 그 바탕으로 요구된다. 그러므로 덕과 인내는 하나다. 덕 없는 곳에 인내가 있을 수 없고, 인내가 없는 곳에 덕이 있을 수 없다.

2006. 3. 12.

한 사람의 부족함이나 잘못 앞에서 그것을 탓하지 않고, 오히려 그 부족함이나 잘못에서 나오는 괴로움을 그대로 견딜 때, 이것이 자비요, 사랑이며, 이것으로 아무 일도 발생하지 않는다. 자비와 사랑이 있으면 아무 일도 발생하지 않는다. 고요만이 있다. 원래의 창조 때의 모습 그대로 고요만이 있다. 그리스도께서는 우리를 원래 창조 때의 고요로 돌아가게 하시기 위하여 그렇게 되셨다. 천지가 고요하다. 2006. 3. 13.

사랑의 노래

스펀지가 물을 머금듯
이 몸이 속속들이
사랑을 머금었네.

전신(全身)이 사랑이라
누르면
사랑의 즙이 흘러라.

발끝까지 사랑이라
사랑이
땅을 적시고

머리끝까지 사랑이라
사랑이
허공을 나네.

나한테서 배워 갈 것은 덕뿐이다. 덕만 배우면 다른 것은 배울 것이 없다. 덕만 깨달으면 된다. 덕을 발견했을 때에 깨달았다고 한다. 덕을 몰라서 울고불고 불행해 한다.

덕을 모르면 글을 쓰지 말아야 하고, 시를 쓰지 말아야 하며, 음악을 작곡하거나 연주하지 말아야 한다. 그림도 그리지 말아야 한다. 모두가 오류일 뿐이다.

관상이란 덕을 관상하는 것이다. 어디를 가 봐도 누구 이야기를 들어 보아도 덕을 가르치는 데가 없고, 덕을 가르치는 사람이 없다. 덕에 대해서 말을 한다고 해서 덕을 아는 것은 아니다. 덕과 하나 되어 덕을 아는 사람이 말을 하는 덕과, 말만 덕에 대해서 하는 것과는 다르다.

그런데 인간을 사랑할 줄을 모른다. 사랑과 지혜가 있는 곳에 두려움도 무지도 없다. 인간을 좋아함과 덕의 종합이 있는 곳에 두려움도 무지도 없다. 지혜는 그리스도이시다.

자비와 신중함이 있는 곳에 지나침도 완고함도 없다.

2006. 3. 25. 새벽

하느님은 인내이시다. 그러므로 내가 인내로이 공부를 하고 있으면, 나는 공부하면서 하느님과 함께 있는 것이다. 공부할 때도 거기에 하느님이 계시고, 놀 때도, 잠잘 때도, 일을 할 때도, 거기에 하느님이 계시다. 우리는 늘 하느님과 함께 있다. 특별히 성당에 가서 기도할 필요가 없다. 공부를 끝내고 기도해야지 하는 것은 잘못된 것이다. 인내가 너무 좋아서 공부를 끝내고도 인내의 덕을 관상한다면 그것은 괜찮다. 공부를 끝내고 기도하는 그 기도란 도대체 어떤 기도인가? 분명히 잘못된 기도일 것이다.

"이스라엘아, 들어라! 너희는 마음을 다하고 목숨을 다하고 힘을 다하여 주 너희 하느님을 사랑해야 한다"(신명 6,4)가 그래서 이렇게 가능한 것이다. 일 따로 기도 따로 그래 가지고는 못 한다.

2006. 3. 27. 아침

무한하신 하느님의 사랑 앞에 녹아내리지 않는 것은 아무것도 없다. 그것이 극악무도한 죄라도 무한은 모두를 통과시킨다. 그래서 치유된다. 통과시키기 때문에 죄를 지을 수 있다. 현재 받아들여지고 있는 것이다. 그러므로 죄를 지을 때도 거기에 무한이 있다. 유혹에 빠질 때도 거기에 무한이 있다. 그래서 유혹에 떨어지지 않을 수 있고, 죄를 짓지 아니 할 수 있다. 나는 지금 무한 안에서 살아가고 있다. 무한이 나의 주인이다.

섭리에 대한 믿음이 있으면, 이 섭리는 곧 무한으로 다가온다.

완전한 치유가 되지 않아도 그저 그렇게 살 수도 있다. 문제가 아니다. 여기에 인내의 덕이 영으로 다가온다.   2006. 3. 28. 저녁

삼문이 열렸네. 하나인가 하면 셋이고, 셋인가 하면 하나다. 어떤 행위도 그것이 한다. 주인이 한다. 사랑이 한다.

나를 창조하시어 나를 잘 아시는, 부끄러울 것이 없는 대상자가 무한애(無限愛)다. 부끄러울 것이 없을 때 무한애가 나타난다. 무한애에 부끄러움이 녹는다. 무한애는 부끄러움을 묻지 않는다. 부끄러움이 사라진다. 무한애가 부끄러움을 녹이지 못하고 그냥 살면, 부끄

러움은 죄를 잉태하여 죄를 짓지 않을 수 없다.　　2006. 3. 29. 새벽

　　이 세상이 무한애이네. 성애가 무한애의 표시이네. 그 순간 무한애로 들어가네. 하나가 둘이 되어 셋이 되었네. 이 세상이 다네. 하나가 셋이네.　　　　　　　　　　　　　　　2006. 3. 29. 새벽

　　그것이 어때서? 그것이 무엇이 문제야? 그런 거지. 그것이 다다. 그럴 때 그것이 둘이 되고 셋으로 간다.　　2006. 3. 29. 새벽

　　사욕(caro) 자체가 그리스도의 십자가와 성체로 흔적도 없이 사라졌기 때문에 죄를 지을 수가 없다. 유혹은 있을 수 있다. 그러나 그리스도의 십자가와 성체가 사욕의 발동을 무산시키기 때문에 죄를 지을 수가 없다.　　　　　　　　　　　　　　2006. 3. 30.

　　밀떡을 보이시며 "이는 내 몸이다. 받아먹어라. 이는 내 피다. 받아 마셔라" 하고 말씀하시어 우리를 마지막까지 떠받드신다.
　　무식한 어부들의 발을 씻기시는 행위와 같지만, 여기서는 자신의 몸을 송두리째 바치는 행위가 다를 뿐이다.
　　우리가 죄인임에도 불구하고 떠받드시는 하느님 앞에서 그 무한한 사랑의 세계에 들지 않을 사람은 아무도 없다.　　2006. 3. 31.

2006년 4월

받아 준다는 뜻은 "그러면 안 돼!" 하는 마음도 있다. 이 마음이 바로 십자가다. 인간 쪽에도 할 말이 있고, 하느님 쪽에도 할 말이 있다. 십자가는 이쪽저쪽 모두에게 동시에 하는 말이다. 그래서 그리스도의 십자가로 죄가 사라지는 것이다. 죄가 사라지면서 다가오는 세상이 천국이며, 그리스도의 사랑이 곧 천국이다.   2006. 4. 1.

육의 발동 자체를 따지지 않으신다. 그러니 발동하자마자 힘을 잃는다. 그것이 발동함은 발동하지 않음이 있어서 가능하다. 발동하지 않음이 무한이며 사랑이고, 발동함과 발동하지 않음이 하나다. 여기서부터 삼위일체에 든다.   2006. 4. 2.

성체는 '카로'(caro, 육)를 빼내라고 하면서, 동시에 '카로'(caro)를 빼내 주신다. 발동한 후에 초월로 넘어가도 되고, 발동하기 전에 초월로 넘어가도 된다.   2006. 4. 3.

그리스도는 사탄과 격투를 벌였다. 이 사탄은 사두가이, 에세네파, 열성당원, 바리사이파들을 마음으로 조정하여, 세리나 창녀, 나환자, 거지, 절름발이를 부정하게 여기고, 자신들을 정결한 부류로 몰게 하며, 이방인들을 적대시하고, 자신들은 의인이고, 그들을 죄인으로 여긴다. 예수님의 관심이 집중된 곳은 소위 소외 계층이다. 율법가들은 이들에게 율법의 준수를 요구하고, 이들을 멀리하는 것이 가장 고결한 종교적 의무였다. 2006. 4. 5.

하느님은 허약하신 분이다. 이것이 극렬하게 드러난 곳이 십자가다. 인간도 하느님을 닮았다. 그래서 인간은 약하다. 그러나 약하기 때문에 강하다. 약하기 때문에 모든 것을 그대로 받을 수밖에 없기 때문이다. 모든 것을 그대로 받아들이면 거기에서 힘이 생긴다.

모든 것을 받아들이면 인간은 약하기 때문에 모든 것이 된다. 하느님은 없다. 하느님이 없으면 성자만이 남는다. 나만이 남는다. 하느님은 나를 통하여 나로 나타나셨다. 나로 나타나셨기 때문에 나의 지성, 의지, 감성, 욕망이 그대로 하느님이다. 이것들이 그대로 하느님이심을 깨달으면, 그와 동시에 성령이 임하신다. 성부와 성자 사이에서 성령이 나오지 않는가? 이렇게 하여 삼위일체에 들게 된다.

인간이 삼위일체에 들면 딴 사람이 된다. 부활한 사람이 된다. 그리스도께서 죽음으로 내가 죽고 사라져야 함을 깨닫게 되어, 그 결과로 삼위일체에 들게 된 것이다. 2006. 4. 12.

그리스도의 죽음의 고통 자체는 상대방을 받아들임에서 나온다.

생래적으로 어두움(두려움)이 있는 인간은 그 자체로 하느님이신 그리스도의 죽음을 원한다. 창조주가 죽게끔 되어 있다. 그리하여 나는 영원하게 되었다. 영원을 꿈꾸게 되었다.

그리스도의 죽음은 나의 과거의 죄와 미래의 죄의 가능성까지도 모조리 없애 버리는 위력이 있다. 2006. 4. 14. 성 금요일

성사는 과거의 재현이 아니고, 현재의 사건이다. 그러므로 모두가 성사다. 물론 나도 성사다. 젊은 형제들이여, 성행위도 성사임을 아십시오. 서 있는 그것도 성사요! 모든 것이 성사이니, 방 청소도 성사요, 나의 번역 일도 성사이니라. 방 청소와 번역 일을 내가 그리스도로서 하는 것이 바로 성사다. 행위만이 있고 생각이 없이 하면 그리스도로 하는 것이다. 행위만이 있다. 생각에 사로잡혀 있는 현대인들은 "행위만이 있다"는 말을 알아듣지 못한다. 행위만이 있을 때 삼위일체에 든다. 행위만이 있고 내가 없으면 순종과 겸손과 가난을 즉시 알아듣게 된다. 내가 있는 상태에서는 아무리 연구하여 말을 한다 해도 그것은 순종과 겸손과 가난과는 거리가 멀다.

2006. 4. 14. 성 금요일

한 사람의 잘못을 내가 짊어질 때, 그 사람이 회개한다. 죽어서 한 사람의 잘못을 짊어질 때에, 그 사람은 자신 때문에 죽은 그 사람의 죽음을 몹시 애통해 하고 또한 괴로워할 것이다. 그러나 그 죽었던 사람이 죽지 않고 살아났다면, 그 죄인은 괴로움에서 벗어날 것이다. 그리스도의 죽음과 부활은 이처럼 한 사람의 죄를 모두 용

서하며 또한 동시에 괴로움에서도 벗어나게 한다. 이것이 자비요 사랑이다. 이 사랑이신 하느님이 그리스도의 죽음과 부활로 우리에게 주어졌다.

"그리스도께서 되살아나지 않으셨다면, 여러분의 믿음은 덧없고"(1코린 15,17), "죽은 이들 가운데에서 다시 살아나셔야 한다"(요한 20,9). 부활은 믿는 것이 아니라, 믿지 않을 수 없는 것이다. 부활이 없다면 우리의 죄는 사라지지 않는다.   2006. 4. 15. 성 토요일 아침

죽음도 연약함이요 부활도 연약함이다. 사랑이신 하느님은 연약함으로 사랑을 표출하신다. 연약함이 곧 사랑이다. 연약함이 모든 것을 산화시킨다.

주님께서는 연약함으로 우리를 기르신다. 연약한 물이 만물을 기르듯이. 사람의 먹이가 되는 빵은 연약함의 극치. 여기에서 사랑이신 하느님이 우리들의 가슴에 전달된다.   2006. 4. 19. 생일날 아침

하늘에서 내려온 빵

우주는 지구를 위해서 있다. 태양도, 달도, 목성도, 모두가 지구를 위해서 있다. 그런데 지구는 만물을 위해서 있다. 지구의 만물은 인간의 음식을 만들어 낸다. 산에서는 약초, 나물. 바다와 강에서는 물고기. 땅속에서는 광물. 모두에서 인간을 위한 것들을 뽑아낸다. 이 음식은 우리의 몸이 되어, 이 몸이 하느님과 하나가 되면, 우주도, 태양도, 광물도, 식물도, 물고기도, 쇠고기도, 돼지고기도 이 몸을 통

하여 하느님과 하나가 된다. 우리와 음식은 불가분한 존재다. 신토불이. 그 음식을 먹는 주체는 또 다른 것의 먹이가 된다. 이 먹이사슬의 제일 마지막에 있는 것이 인간이다. 그러므로 우주 만물은 인간을 먹이기 위해서 존재한다. 그런데 음식은 성체를 상징함에 지나지 않는다.

사랑의 특징은 '케노시스'(kenosis)에서 잘 드러난다. 케노시스는 육화에서 끝나는 것이 아니라 인간을 위한 빵에까지 내려간다. 사랑은 자꾸 하나가 되려고 한다. 인간과 하나가 되기 위해서 육화하셨다. 하나가 됨이 사랑이다. 이 육화의 마지막 단계는 인간의 몸이 되기 위해서 음식이 되는 것이다. 그리하여 그리스도께서 우리의 음식인 빵이 되신 것이다. 우리의 먹을 것이 되었다.

육화는 사랑의 기적이다. 인간들이 개를 지독히 사랑하지만, 그렇다고 개가 되겠다는 사람은 없고 개가 될 수도 없다. 개가 된다는 그것은 기적이다. 더구나 개를 지독히 사랑한다 하여 개의 음식이 되어 개의 살이 되겠다고 하지는 않는다. 될 수도 없다. 다미아노 신부는 나환자들을 사랑한 나머지, 죽은 다음에 나환자들을 위한 침대가 되겠다고 하였다. 침대가 되기 위하여 나무가 되겠다고 하였다. 그래서 자신의 시체를 나무 밑에 심어 달라고 하였다고 한다. 그것이 인간이 할 수 있는 한계이며, 그 한계를 뛰어넘는 것이 있다면 목숨을 바치는 것일 뿐이다. 살아 있는 상태에서 나무가 되고 나환자가 될 수는 없다. 사랑이신 하느님만이 가능하다.

빵이 그리스도임을 믿으면 하느님의 사랑이 그 사람에게 온다. 쌀은 그리스도를 상징한다. 우리가 매일 먹는 음식은 그리스도를 상징할 뿐이다. 그러나 축성된 빵은 그리스도이다. 빵이 그리스도임을 믿지 않을 수 없다. 사랑의 특징인 '케노시스'는 빵에까지 내려가지 않을 수 없다. 빵을 그리스도라고 억지로 믿는 것이 아니다. 빵이 되려는 그리스도의 사랑을 알면, 빵을 그리스도로 믿지 않을 수 없다. 빵을 통해서 사랑이신 하느님이 인간에게 전달된다. 그리스도는 빵일 수밖에 없다. 하늘에서 내려온 살아 있는 빵이다. 옛적에는 만나가 하늘에서 내려온 빵이었는데.

하느님은 살아 계신 분이다. 빵을 통해서 사랑이신 하느님을 만날 때, 우리는 성체 안에서 하나가 된다. 그리스도의 몸이 된 나는, 성체를 모셔서 그리스도가 된 상대방과 하나다. 이 하나가 하느님이다. 이 하나가 또 다른 사랑이다. 성체를 통해서 하나의 사랑을 만났을 때, 나는 하느님을 만났다고 말하는 것이다. 그러니 하느님은 공동체 안에서 만나게 되는 것이다. 살아 계시며 진실하신 하느님!

2006. 4. 19. 밤

나는 이렇게 그냥 완전하다. 문제는 그것이 무엇이든 그것을 나의 것으로 하기 때문에 문제가 되는 것이다. '가난'만이 우리가 살 길이다. 가난을 통해서 완전해진 다음, 그 완전을 하느님께 돌려드려야 한다. 다시 한번 최후로 가난이 요구된다. 돌려드리지 않으면 그 완전으로 교만에 빠지게 된다.

1밀리미터도 꼼짝하지 않는 가난이 연약함의 최고의 경지이다. 꼼짝 않는 그 순간에 순수와 힘이 다가온다. 이것이 성령이다. 이 순수와 힘은 바위처럼 묵직한 힘을 준다. 거기 현재에서 깨어 있어야 한다. 그렇지 않으면 죽는다. 유혹에 넘어간다.

2006. 4. 21.

추리를 통하지 않는 직관은 천사적이다.   2006. 4. 29.

마음은 본질적으로 육신에서 해방되어 있다. 마음은 자유롭다. 마음은 즉시 뉴욕도 가고 부산도 가고 로마도 간다. 그런데 그 마음이 '나'라는 말이다.   2006. 4. 30.

2006년 5월

식욕이나 성욕은 기억이다. 비록 식욕이나 성욕이 일어난다 해도 맛이 있었다던가 감미로웠다는 기억이 없으면, 그 욕망들은 그 즉시 허공으로 사멸된다. 마치 손바닥 하나로는 소리가 나지 않듯이.

2006. 5. 1.

이제 하늘에서 빛이 내릴 때가 되었다. 태양 빛과는 다른 빛이 있다. 이 빛으로 사람은 완성된다. 그러나 이 빛은 내가 받고 싶다고 하여 받는 것은 아니다. 전적으로 하느님의 소관이다.   2006. 5. 2.

빛의 바다. 가늘게 내려 쪼이던 빛이 폭포처럼 쏟아진다. 노란 은행잎이 눈이라는 감각을 통하여 폭포처럼 전신으로 들어오듯이 빛이 폭포처럼 전신을 휘감는다.   2006. 5. 2.

어떤 인간이든 간에 인간의 의지는 삐뚤어져 있지 않을 수 없다. 올바른 의지란 곧 늘 하느님을 향한 의지라고 할진대, 하느님이 우리의 인식 안에 들어와 있지 않으면 하느님을 향할 수 없고, 의지는 그 방향을 엉뚱한 곳으로 향할 수밖에 없으며, 이것이 습관화되어 삐뚤어지는 것이기 때문이다.

그래서 문제는 하느님 인식이 급선무인데, 더 큰 문제는 그 하느님이 숨어 있다는 것이다. 그것도 완벽하게 숨어 있어서 찾아낼 수가 없다. 그 숨어 계신 하느님을 밝히 드러내시는 분이 바로 그리스도이고 프란치스코이다. 그러나 밝히 드러났다고 하는 하느님이시라야 고작 십자가에 현시된 하느님이시고 성체에서 현시된 하느님이시며 만물을 통하여 현시된 하느님이신데, 현시된 하느님은 사랑으로 현시되어 있음이 모두다. 그런데 사랑의 최고의 형태는 숨어 있음이다. 완전히 없어짐이다. 이 없어진 하느님을 감성으로 끌어들이기는 깨달은 자만이 가능하다. 깨닫지 못한 사람으로서 계속적으로 하느님을 관상하기란 그리 쉬운 일이 아니다. 그렇게 근면하고 열성적인 사람은 거의 없다. 그래서 깨달음이 필요하다. 한번 깨달으면 그러한 근면과 열심은 자연스럽게 따라오는 것이기 때문이다.

깨달음이란 다른 것이 아니다. 하느님은 이렇게 계시다. 깨달으려고 하는 자가 깨달은 자다. 보려고 하는 자가 보여진 자다.

그 다음에 서서히 삼위일체를 깨닫게 된다.

어떤 음식이 나의 살이 되어 있느냐도 중요하다.　　　　2006. 5. 3.

무엇이 이 사람을 이렇게 왜곡되게 만들었는지를 묻거나 괴로워하지 말고, 바로 나의 면전에 있는 이 사람의 부족한 점을 사랑의 침묵으로 끌어안을 때, 그 사람의 휘었던 것이 내 안에서 펴지면서 평화와 선이 안에서 시작하여 천지로 퍼진다. 이것을 이름하여 그리스도의 십자가를 지는 것이라고 프란치스코가 말하는 것이며(「권고」 5 참조), 이와 똑같이 나의 결점을 그런 식으로 끌어안을 때, 이도 또한 그리스도의 십자가를 지는 것이 되어, 안팎으로(내 안과 우주로) 평화와 선이 퍼져 나간다.   2006. 5. 3.

　흔히 사람들은 게으름으로 돌리는데, 내가 무엇을 특별히 하기 싫은 것이 있다면, 몰라서 그렇지 거기에는 숨은 이유가 있다. 그것을 알아내기는 쉽지 않다. 하기 싫다는 것은 무엇인가가 내 안에 왜곡되어 있는 것이다. 그래서 그 하기 싫어하는 마음을 끌어안으면, 그 싫어하는 왜곡된 마음이 퍼지면서 평화와 선이 퍼져 나가고, 그 하기 싫은 일을 기쁘게 하게 된다.
　기도 시간에 개인의 청원 기도를 하다가 말을 마치지 못하고, 얼굴이 붉어지면서 심히 괴로워하는 형제가 있었다. 가엾다. 어떤 결점이 엿보인다. 모든 이에게, 전 인류에게 자비와 사랑이 인다. 그리고 일어난 자비와 사랑을 관상한다.   2006. 5. 3.

　상대방의 결점이 나의 십자가로 녹으면 나의 십자가 안에서 상대방의 죄가 사라진다. 그렇게 나의 십자가로 나의 결점이 사라졌다. 아침에 침대에서 일어나기 싫음에 죽으면 산다. 십자가여! 십자가가 구원이다. 공부하기 싫음에 죽으면 산다. 그렇게 그리스도의 죽음으로 세상의 죄가 사라졌다. 살아서 참으로 죽은 자이어야, 죽어서 참으로 산다. 그러한 사람은 나이 들어 늙어 죽기만 하면, 죽지 않고 영원히 산다.

그는 양처럼 도살장으로 끌려갔다. 그는 어린 양처럼 자기 입을 열지 않았다. 다른 사람의 결점과 과오에 대해서 말을 하지 않음은 나의 십자가로 그의 결점이 사라졌기 때문이다. 그러니 누구와의 싸움은 도무지 있을 수 없다.

사람이 동물이 될 수는 없다. 그래서 하느님께서 사람이 되셨다 함은 일대 기적이다. 이것을 믿으면 하느님께서 빵(식물)이 되셨음도 믿지 않을 수 없다.

하느님께서 사람이 되셨다는 자체가 사람에게 곧 구원이다. 왜냐하면 하느님께서 인간이 된다는 자체가 고통이기 때문이다. 같은 이유로 예수 그리스도께서 빵과 포도주가 되었다는 자체가 우주의 구원이 된다.

나는 살아 있는 생명의 빵이다. 내가 줄 이 빵은 세상에 생명을 주는 나의 살이다. 우주도 함께 구원을 받아야, 우리가 완전히 구원된다. 그 빵을 먹음으로써 순식간에 하느님과 인간과 우주가 하나가 된다. 미사로 우주가 구원된다. 미사는 인간과 하느님과 우주의 합창이다.

우리가 구원을 받으면, 자연도 음식을 통하여 우리의 몸이 되어 구원을 받는데, 하물며 빵이 그리스도이니 자연의 구원은 보증된다.

불교에서는 육식이 아니라 채식으로 육신을 돌본다. 천주교에서는 영혼만이 아니라 육신까지도 구원을 받아야 하기에 그리스도의 피와 빵으로 육신이 구원을 받는다. 피조물에서 나오는 포도주를 우리의 몸을 자라게 하는 당신의 피라고 하셨다. 빵은 육신을 자라게 하는 당신의 몸이라고 하셨다.

그렇게 해서 우리의 몸이 성체와 성혈로 양육된다면, 우리가 죽은 후에 부활을 할 때에 생명을 얻을 수 있는 것이다.　2006. 5. 4.

왜 꼭 빵을 먹어야 하는가? 끝장을 내는 것이다. 마침표를 확실히 하는 것이다. 하느님이 인간이 되었다는 것만도 구원이다. 그런데 십자가에서 죽기까지 하셨다. 죽음의 의지에 대항하여 죽은 이들을 죽음의 세계에서 이끌어 내셨다. 죽음의 세계에 십자가를 지고 가시어 인류를 생명의 세계로 이끌었다. 인간이 되셨음 안에(육화 안에) 이 모든 것이 내포되어 있다. 빵이 내 살이 되어 내가 된다. 빵을 통해서 참으로 하느님은 내가 된다. 이것이 구원의 완성이다. 하늘에서 내려온 이 빵을 먹어서 자신의 몸이 되지 않는 사람은 죽는다. 그러나 이 빵을 먹으면 영원히 살 것이다. 내가 줄 빵은 세상에 생명을 주는 나의 살이다. 내 살은 참된 양식이고, 내 피는 참된 음료이다. 나는 그리스도와 하나 되었다. 영적으로도 하나가 되었다.
　2006. 5. 5.

내가 깨끗하면 상대방의 더러움이 나를 그냥 통과한다. 그래서 상대방의 더러움이 전혀 문제가 되지 않는다. 문제가 되는 때는 상대방의 더러움과 나의 더러움이 서로 부딪쳤을 때이다.

내가 깨끗하면 상대방의 더러움은 최소한 겉으로 드러날 수가 없으며, 그저 그런 상태로만 있게 되어, 실질적으로는 더러움이 없어진 상태가 되어 버린다. 그러나 나도 더러우면 상대방의 더러움이 살아나서 충돌이 일어난다. 그러나 내가 깨끗하면 상대방의 죄가 없어진다.

그리스도의 깨끗함이 나의 죄를 없이 하셨다. 나는 노력 없이 깨끗해졌다. 그리스도 덕분에 늘 깨끗하다. 그래서 그리스도가 나의 주인이고 나는 그 수하에서 떨어지는 밥을 먹고 사는 사람이다. 나는 종이다.   2006. 5. 14.

순수이신 그리스도에 나의 영혼을 비추니, 나의 영혼은 빛이 되고 태양이 되었도다. 이 빛과 태양이 나를 점령하여, 나를 놓지 않는다.   2006. 5. 15.

어떤 식으로든 의식의 활동만 죽이면 빛이 온다. 갑작스런 암 선고라든가, 연인과의 헤어짐이라든가, 교통사고라든가, 직장에서의 퇴출이라든가, 멸시를 받는다든가, 상처를 받는다든가 등등의 체험에서 고요한 평화의 빛을 체험하는 경우가 허다하다. 바로 의식의 활동이 정지해서 생기는 현상이다. 이를 그리스도께서 십자가에서 극렬하게 보여 주셨다. 모든 의식의 활동이 십자가 상에서 정지되지 않았는가?

그러나 책을 읽어야 한다든가, 일의 계획을 세워야 한다든가, 아니면 운전을 한다든가, 또는 운동을 해야 할 경우에는 다시 의식의 세계(지성, 의지, 감성의 세계)로 다시 돌아와야 한다.

이렇게 천상과 지상을 자유자재로 넘나들 때에 참다운 자유를 얻었다고 할 수 있다. 어떻게 해서 빛을 체험하게 되었는지를 모르면 다시 빛 속으로 들어갈 수 없고, 왜 다시 어두움(지성, 의지, 감성의 세계)으로 떨어졌는지를 모르면 그 어두움에서 헤어날 줄을 모른다.

그러나 천상의 빛 속으로 들어가게 된 것은 의식의 죽음이요, 지상으로 내려오게 된 것은 의식으로 돌아와서 그렇게 된 것임을 아는 사람은 위아래를 자유자재로 왕래할 수 있다.   2006. 5. 14.

    무엇에 의지하다가 그 의지처(음악, 경치, 텔레비전, 성경)가 사라지면 사람들은 몸 둘 바를 모른다. 사막을 두려워한다. 아니 차라리 사막이 두려워서 그런 의지처를 찾아 거기에 의지하고 있다고 말하는 것이 나을 것이다.
    그러나 하느님은 사막과 무료함에서 찾아오신다. 왜냐하면 사막과 무료함에서는 의식이 활동을 중지할 수밖에 없기 때문이다. 무엇을 꼭 해서 하느님을 만나려고 한다면 그는 영원히 하느님을 만날 수 없다. 아무것도 하지 않으면서 하느님을 만날 수 있어야 한다. 실패에서 하느님을 만나야 한다. 고난과 환난 속에만 하느님이 계시다. 고난과 환난 안에서는 의식이 활동을 중지하기 때문이다. 이 때의 평화는 세속이 주는 편안함에서 오는 평화와 다르다.
    소일거리를 찾지 말아야 한다. 무료함에 머물고 지루함에 머물러야 한다. 그러나 양로원의 노인들을 보면 무료함과 지루함에서 저쪽으로 넘어간 사람들 같지는 않다. 무료함과 지루함 안에 있으면서 그 곳에 들어가려고 하지 않고, 그러한 무료함과 지루함에서 벗어나려는 마음이 아직도 그 가운데에 있기 때문에 초월을 못하는 것이다.
    술이나 마약이나 도박, 영화, 일 등등이 혹시 어떤 의지처가 된다면 큰일 날 일이다. 그런 것들이 의지처가 되면 중독이 된다.
                                                           2006. 5. 16.

"내 안에 머무르지 않으면 잘린 가지처럼 밖에 던져져 말라 버린다"(요한 15,6). 의식이 죽어 그 너머의 태양에 머물러야 한다. 의식에 머물면 죽는다.

의식이 죽으려면 옆 사람을 위하여 나의 목숨을 바쳐야 한다. 조금이라도 내 안에 남아 있는 것이 있으면 나와 그는 하나가 되지 못하며, 나와 우주와도 하나가 되지 못한다. 완전히 내가 없어야 한다.

문 앞에 찾아온 거지에게도 마찬가지다. 온갖 친절을 다하면 내 안의 어두움이 사라진다. 2006. 5. 17.

어떤 유혹이 닥치면 그 유혹의 종류 여하에 관계없이 그 유혹 앞에서 그 유혹을 어떻게 하면 물리칠 수 있을까 하고 궁리(생각)하면 이는 이미 유혹에 넘어가기 시작하는 징조다. 생각과 궁리는 의식의 세계이기 때문이다.

의식을 통과하여 빛의 세계로 들려면, 그 유혹이 주는 무게에 머무는 것 외에 다른 방법이 없다. 이 수스티네레(sustinere)를 통하여 간단히 저쪽으로 넘어간다. 절대로 생각하면 안 된다. 그것은 죽음의 길로 들어선 것이다. 2006. 5. 17.

내 안에 있는 죽음(어두움)을 일깨워 주는 것이 참다운 사랑이다. 죽음, 즉 어두움이 나를 지배한다는 것을 까맣게 모른다. 이 죽음을 일깨워 주실 뿐 아니라, 이 죽음을 해결까지 하시는 분이 그리스도이시다. 그 해결 방법은 프란치스코에 의하면 가난이다. 거기에 대응하지 않는 무저항의 가난이다. 대응하지 않는 연약함이다. 대응하지 않으면 어두움이 통째로 사라진다. 대응하지 않음은 내가 죽는 것이요, 그렇게 대응하지 않고 죽음으로써 죽음이 사라진다. 그리스도께서도 자신이 죽음으로써 죽음과 같이 죽었고, 삼손도 자신이 팔을 벌려 죽음으로써 블레셋인들(죽음)과 같이 죽었다.　　　2006. 5. 18.

　　우리는 십자가에 초대를 받았다. 그리스도의 수난에 초대를 받았다. 성부와 인류 사이에서 화해의 길은 오직 십자가에서의 죽음뿐이었다. 우리는 늘 누구와의 관계성 안에서 살아가고 있다. 여기에서 반드시 나타나는 것은 그리스도의 화해의 이치를 실행해야 할 때다. 이 때에 우리는 화해의 이치를 실행하여 그리스도와 일치하게 되며, 이어서 우주적 평화에 들게 된다.　　　2006. 5. 19.

　　고요에서 생명이 솟는다. 행위가 솟는다. 그리스도의 고요하고 호젓한 부활에서 생명이 솟는다. 그 생명으로 활동을 하고 번역을 한다(하늘에서 땅으로).
　　삼라만상과 인간의 움직임은 그 자체로 고요와 하나다. 그 안에 빛이 있어서 그렇다(땅에서 하늘로). 위로부터 다시 태어나야 한다.
　　　2006. 5. 20.

　　프란치스코가 말하는 현재의 악은 현재의 모든 것을(생각, 말, 행위) 나의 것으로 하는 것이다. 현재에 입체 안에(삼위일체) 살아야 악에서 벗어난다.　　　2006. 5. 21.

모두가 쾌락이 문제인데, 사실 쾌락이란 기억과 상상이다. 기억이 나고 상상이 될 때에 생각을 하지 않으면 쾌락이란 없다. 모든 쾌락은 생각 안에서만 존재한다. 생각을 떠나면 없다. 에이즈 균이 인체를 떠나면 그 떠나는 순간에 사라진다고 하듯이. 그러나 때로는 생각을 압도하여 온몸이 쾌락이 되는 순간이 있다. 그 때는 그 쾌락에 온몸을 맡기고 당하면 된다. 그리스도께서 온갖 매를 다 맞았듯이. 이 두 가지, 즉 생각을 하지 않는 것과 흠씬 당하는 것 두 가지를 이름하여 프란치스코의 가난이라고 한다.

이 가난 다음에 전개되는 고요의 세계에 침잠하여 있는 것을 관상 기도라고 한다. 2006. 5. 22.

쾌락에 손을 쓰려고만 하지 않으면 나는 그 자리에서 완전하다.
2006. 5. 23.

문제라고 여겨지는 것을 문제로 삼지 않는 것을 자비와 사랑이라고 한다. 하느님은 자비로 우리의 문제를 녹이신다. 그 자비로 나의 모든 문제가 해결된다. 하여 나는 아무 문제가 없다. 2006. 5. 24.

무엇을 포기했을 때에 그 빈자리에 하느님이 계신다. 그 빈자리가 하느님이시다. 그 빈자리를 관상하면 생기가 돌고, 신선하고, 깨끗하며, 그 자리에서 호흡을 하면 호흡이 편안하다. 2006. 5. 25.

텔레비전을 포기하고, 컴퓨터를 포기하고, 여자를 포기하고, 집을 포기하고, 음식을 포기하고, 그러면 포기할 때마다 그 빈자리가 커지면서 뭐라 말할 수 없는 것이 나타난다. 그것이 그렇게 좋다.

2006. 5. 26.

생각이 없는 곳에 있는 자를 보호자라고 한다. 왜냐하면 그것은 생각의 뒤에서 생각을 감싸고 있을 뿐만 아니라, 생각은 그것의 바다 속에서 유영을 하기 때문이다. 그것이 생각을 품고 보호한다. 그리고 침묵뿐인 그것은 절대 묻지 않기 때문에 나를 깨끗이 한다. 묻지 않는다는 것은, 그 죄를 당신이 책임진다는 이야기가 된다. 그것은 늘 나를 깨끗하게 한다.

2006. 5. 27.

나도 그리스도처럼 다른 사람들의 죄를 묻지 않고 질 때에, 그 죄를 없애고 깨끗이 하게 된다. 나도 세상 사람들의 죄를 깨끗이 씻는다. 이 침묵적 존재에 늘 머문다.

2006. 5. 28.

대부분의 사람들이 이 침묵적 존재를 너무 모른다. 그것이 사랑이며, 이를 확실하게 깨우쳐야 한다.

2006. 5. 29.

그것은 의식을 위하여 피를 흘리게끔 되어 있다. 피는 필연적이다. 묻지 않는다면 피를 각오해야 하기 때문이다. 의식을 보호하려면 피를 각오해야 한다. 그래야 의식이 깨끗해지기 때문이다.

2006. 5. 30.

2006년 6월

나도 그리스도처럼 늘 죽으면, 그리고 견디면, 그 침묵의 세계로 들게 된다. 나도 뚫고 올라간다. 늘 올라간다.   2006. 6. 1.

그 침묵은 나의 말 안에 있고, 나의 행동에 있고, 나의 생각에 있다. 잠을 잘 때도 거기에 있고, 놀 때에도 거기에 있다. 숨을 쉴 때도 거기 숨 속에 있다.   2006. 6. 2.

침묵의 힘으로 죄를 짓지 않게 되고, 침묵의 힘으로 화를 내지 않게 되며, 침묵의 힘으로 덕이 생긴다. 그 힘이 하느님의 의지다. 이 하느님의 의지를 나의 것으로 할 수가 없다. 이 침묵으로 나를 누를 때에만 내가 눌러진다.   2006. 6. 3.

내가 어떻게 하려고 하면 안 된다. 내가 빠지면 하느님이 침묵의 힘으로 다 하신다.   2006. 6. 4.

강함(전능함)도 하느님이요, 약함도 하느님이다. 강함을 누르려고 하면 안 된다. 약함의 무한함으로 강함을 둘러싸야 한다. 약함이 강함으로 표현되었기 때문이다.   2006. 6. 5.

색즉시공(色卽是空). 성부와 성자는 하나다. 성자와 내가 하나면 약함도 나요, 강함도 나다. 그런데 강함이 다다. 거기서 약함이 보인다. 알 수 없음이 보인다. 나는 약하다. 약함이 강함으로 가는 통로다.
                                    2006. 6. 6.

내가 하느님을 닮은 것은 나의 약함뿐이다. 이 약함을 통해서 강함과 하나가 된다. 이 때의 강함은 거룩해진다. 약함으로 모두를 다 품으면 강함이 거룩해진다. 모두를 다 품어라. 품는 것이 힘이다. 잉태하는 것이 힘이다. 품으면 강함과 약함이 하나가 되어 기쁨이 인다. 삼위일체다.   2006. 6. 7.

성자와 성부는 떨어져 있어 본 적이 없는 하나다. 만물은 성자성을 지니는 성자의 몸이다. 성자의 교회다.   2006. 6. 8.

그래서 성체(빵)와 그리스도는 하나다. 만물의 엑기스인 빵과 하느님은 하나다. 그러니 나는 하느님과 하나다.   2006. 6. 9.

만물의 모든 행위는 그리스도의 행위이며 성부의 행위이다. 행위하는 '나'는 없다. 그 주체인 성부는 보이지 않는다. 그래서 행위만이 있다고 할 수 있다. 행위만이 있다는 사실을 깨달을 때에, 그 주체가 알 수 없음으로 다가온다. 2006. 6. 10.

무료함과 한가함 뒤에 텅 빈 고요와 감미로움과 알 수 없음이 있다. 신비가 있다. 거기에 집중한다. 늘 그 신비와 함께 있도록 한다. 모든 것을 포기하고 신비를 택한다. 2006. 6. 11.

현재에 머무는 것(집중의 참다운 의미)이 성부와 성자의 하나 됨에 머무는 것이다. 2006. 6. 12.

성부가 이렇게 자연으로 그리고 인간으로 나타났다. 다른 데서 찾으려고 하면 안 된다. 성부와 성자는 현재에서 만난다. 쟁기를 잡고 뒤를 돌아보면 안 된다. 2006. 6. 13.

주님은 너를 지켜 주시는 분, 졸지도 잠들지도 않으시며 보호하시는 분이시다. 2006. 6. 14.

하느님의 백성은 거룩함이 특징이다. 하느님도 거룩했고, 천사도 거룩했고, 성모님도 거룩했다. 그러므로 거룩하지 않으면 하느님의 사람이 아니다.
                                           2006. 6. 15.

하느님은 사람이 되시어 인성을 취하셨고, 빵이 되시어 물성까지 취하셨다. 사람이 되었다는 사실, 그리고 빵이 되었다는 사실로 충분히 우리의 죄가 사해진다. 왜냐하면 사람이나 사물은 그 순간 초월하여 하느님이 되기 때문이다. 초월하는 순간 죄는 아주 멀리 떨어져 나간다.
                                           2006. 6. 16.

악은 없다. 무료함이나 수고를 택하지 않고 즐거움이나 편안함을 택할 때에 잉태되는 것이다.
                                           2006. 6. 17.

무료함이나 수고를 택하려면 무료함과 수고를 견딜 줄 알아야 한다. 이것이 바로 프란치스코의 수스티네레(sustinere, 견디다)다. 그리스도도 바로 이 수스티네레를 택하여 악은 얼씬도 하지 못하게 하였으며, 이것으로 세상을 구했다.
                                           2006. 6. 17.

우리는 다만 그리스도께서 가져다주신 평화를 누리기만 하면 그뿐이다.
                                           2006. 6. 18.

그 평화를 누리려면 그 평화를 침범하는 것을 그리스도의 방법으로 물리치면 된다.   2006. 6. 19.

나도 수스티네레(sustinere, 견디다)를 하여 그것을 습관 들이면 평화는 떠나지 않는다. 그러고 나서 떠나온 곳을 잊으면 된다. 잊게 된다.   2006. 6. 20.

떠나온 세계란 죄의 세계다. 그런데 그 죄의 세계란 한 개인에게는 한두 가지의 나쁜 습관에 지나지 않는다.   2006. 6. 21.

달콤했던 죄가 자꾸 생각나는 것은, 하느님을 알고 난 후에 하느님 생각이 자꾸 일어나서 하느님과 언제나 항상 함께 할 수 있도록 하기 위한, 하느님의 계획의 선상에 좋지 않은 것이 대신 끼어들어서 그렇다. 따라서 그것이 무엇이든 자꾸 생각나는 것은 그 자체로 죄가 아니다. 하느님의 의도된 행위이다. 거기에 나는 없다. 그것을 나의 것으로만 하지 않으면 나는 그 자꾸 생각나는 것을 통하여 초월하게 된다. 그럴 때마다 선에 이르게 된다.   2006. 6. 22.

무료함에서 기쁨이 솟아나는 체험은 사막에서 샘물이 솟는 체험과 같다. 이것도 선이다.   2006. 6. 23.

그러니 자꾸 생각이 나는 것들과 재미있는 것에 쏠리는 마음에 저항하지 말아야 한다. 2006. 6. 24.

그런 것들에 저항하지 않는다 함은 '그저 그런 것'으로, 즉 '하느님의 행위'로 여기는 것이다. 2006. 6. 25.

하느님의 행위로 여기는 것을 프란치스코는 렌데레(reddre, 돌려드리다)라고 한다. 그래서 프란치스코는 나의 모든 생각을 하느님께 돌려드리라고 말한다. 2006. 6. 26.

그러니 선택해야 할 문제 앞에서는 수스티네레(sustinere, 견디다)면 족하고, 머릿속에 떠오르고 생각나는 문제 앞에서는 렌데레(reddere, 돌려드리다)면 족하다. 2006. 6. 27.

나의 하루 생활 = 선택해야 할 문제 + 생각 문제
어려움을 택하여 하느님께 나아가고, 생각을 나의 것으로 취하지 않아 하느님께 나아가고. 나의 하루의 생활은 하느님과 늘 함께 하도록 짜여져 있다. 특별한 일을 해야 하느님을 만나는 것이 아니다. 모두가 하느님께 가는 길이다. 2006. 6. 28.

궁금증이나 호기심은 그 궁금증과 호기심을 채우지 않음으로써 텅 비어 있는 가난이신 하느님을 체험하도록 하는 좋은 기회다.

2006. 6. 29.

그 다음에 절대적으로 요구되는 것은 그 선을 음미하는 것이다. 즉, 관상 기도를 하는 것이다. 관상 기도를 하지 않으면 애써 밥을 만들어 놓고 먹지 않는 형상이다. 반드시, 반드시 관상 기도를 해야 한다.

2006. 6. 30.

2006년 7월

선을 관상하면서 숨을 쉬면서 살면 천사가 된다. 편안하게 숨을 쉬게 된다. 나중에는 숨만 쉬어도 선이 숨과 함께 다가온다. 숨이 중심이 되는 생활을 하게 된다.   2006. 7. 1.

관상 속에서 살면 모든 일이 놀이다. 번역도 놀이요, 육신적 노동도 놀이다. 그러나 관상 속에서 살지 않으면 모든 것이 고역이다. 놀이조차도 고역이다.   2006. 7. 2.

나의 문제 앞에서 그것을 문제 삼지 않으면, 그리고 만약에 그래도 문제가 될 때는 그 문제 앞에서 그저 어린아이처럼 울기만 하면, 그 때에 그 문제가 되지 않는 상태에 이르게 되어, 소위 초월한 상태에 이르게 된다.

이 초월한 상태는 나의 문제가 해결된 상태다. 해결되었다고 해서 완전히 없어졌다는 뜻은 아니다. 그 흔적은 남아 있다. 완전히 없어진 것은 아니로되 다만 그 왜곡된 것이 힘을 발휘하지 못할 뿐이다. 그러니 해결된 것이 아닌가?

　이 초월한 상태는 침묵이요 고요다. 고요와 침묵의 바다다. 이 초월한 상태가 주인이 되어, 이 초월한 상태가 내가 되어 일을 하니, 나는 죄를 지을 수가 없다.

　나는 주님을 보았다. 그리고 언제나 볼 수 있다. 내가 원할 때는 언제나 볼 수 있다. 아무것도 하지 않으면 언제나 볼 수 있다. 나는 보고 듣고(그의 말을 듣는다) 느꼈다. 　　　　　　2006. 7. 2.

　우리 둘이만 붙자, 마귀야. 　　　　　　　　　　2006. 7. 3.

　관상 기도 속에서 살면, 이는 마치 어린이가 숙제를 다 마치고 나서 뛰어노는 형상이라서 무엇을 해도 즐겁다. 할 일이 없어서 언어 공부만 하는 것이다. 　　　　　　　　　　　2006. 7. 3.

　하느님은 가난이시다. 그 가난이 그리스도를 통하여 표현되고 현시되었으며, 프란치스코는 이것을 읽어 냈다. 이 무저항의 가난 앞에서 모든 악의 도전은 고꾸라졌다. 모든 악은 이 무저항에 그만 낭떠러지로 떨어졌다. 　　　　　　　　　　　　　2006. 7. 4.

　새 소리, 물 소리, 노랫소리는 우리 모두를 초월한 세계로 초대한다. 이 초월의 세계를 새 하늘과 새 땅이라고 한다면, 이 새 하늘과 새 땅은 이 하늘과 이 땅이 그대로 변한 것이다. 내 마음이 고요해져서, 그 고요로 이 하늘과 이 땅을 보니, 이 하늘과 이 땅이 새 하늘과 새 땅으로 바뀐 것이다. 그러한 세계가 따로 있는 것이 아니다.
2006. 7. 4.

꽃도 달라 보이고, 테니스도 달라 보이고, 사람도 달라 보이고, 모든 사람을 사랑하게 되고, 나의 모든 행위에 하느님이 함께 하신다. 나의 모든 행위에 하느님이 스며 있다.
2006. 7. 5.

이 가난은 나의 가슴에 있는 모든 것을 쓸어버렸다. 나는 그리스도의 십자가 상의 가난한 죽음으로 구원에 이르렀다. 이 가난을 먹고 산다. 그 은총의 빛 안에서 거닌다.
2006. 7. 5.

가난은 사랑이요, 자비다. 그것으로 족하다. 이 세상에 나는 아무 것도 필요가 없다.
2006. 7. 6.

물이 얼개미를 통과하듯이 고통과 어려움이 고요한 세계를 그냥 통과하여, 고통과 어려움이 마음에 흔적을 남기지 못한다. 그래서 마음이 왜곡되지 않는다.
2006. 7. 6.

고통과 어려움이 고요를 그냥 통과하니 자유가 산다. 2006. 7. 7.

가난만이 존재한다. 가난만이 존재다. 가난만이 존재하기 때문에 모든 사물이 존재한다. 그래서 사물만이 존재한다. 가난과 사물은 하나다. 가난과 나는 하나다. 거기에서 기쁨이 인다. 바로 삼위일체다.

2006. 7. 7.

나의 모든 행위의 주체는 가난이다. 가난이 다 한다. 먹고, 자고, 입고, 말하고, 생각하고. 모든 것이 가난의 행위이다. 내가 가난과 하나가 되면 나의 자유가 산다. 나는 죄를 짓지 않게 된다.

2006. 7. 8.

초월을 하면 고요라는 마음의 바탕이 나타난다. 그 고요는 살아 있고, 모든 것은 거기에서 흘러나온다. 나의 행동도 거기서 나오고 말도 거기서 나오고 생각도 거기서 나온다. 2006. 7. 8.

행위 안에 고요가 있고, 고요 안에 행위가 잉태되어 있다. 동중정 정중동(動中靜 靜中動). 2006. 7. 9.

가난과 내가 떨어져 있으면, 그리하여 모든 것을 나의 소유로 하면 죄를 짓지 않을 수 없다. 2006. 7. 9.

그리스도께서 가난으로 벌어다 주신 새 하늘과 새 땅이 나의 어두움을 몰아낸다. 내가 해야 할 일은 아무것도 없다. 새 하늘과 새 땅을 관상하자. 가난의 빛을 관상하자. 모든 것이 가슴에서 씻겨 내린다.
2006. 7. 10.

선(善)만이 있다. 선을 위하여 산다. 선을 위하여 행동한다. 선을 위하여 번역을 한다. 신비인 선만이 나의 모든 것이다. 신비인 선이 주체이며, 신비인 선이 목적이다. 완전한 삼위일체에 산다. 육신은 한낱 보잘것없는 종일 뿐이다.
2006. 7. 10.

이 선은 회개한 자에게만 자신을 드러내 보인다. 모든 사건, 사물, 사람이 나로 하여금 그 사건과 사물과 사람에 매이지 않게 하고, 그것들을 통하여 나를 선으로 이끈다. 이를 회개 생활로 이끌렸다고 말할 수 있을 것이다.
2006. 7. 11.

나는 고통으로 시커먼 벌레가 된다. 다른 이들의 어두움이 나의 어두움이 된다. 그렇게 해서 나는 어두움 자체가 된다. 이 때에 나는 거기서 조금도 움직이지 않는다. 어떻게 해결해 보려고 움찔거리지 않는다. 그저 어두움 속에 있을 뿐이다. 밝음이 오기를 바라지도 않는다. 나는 곧 어두움이다. 나는 나환자다.

내가 나환자임을 진심으로 고백할 때, 서서히 여명이 열린다. 회개에 이른다.
2006. 7. 11.

모든 마음의 바탕은 텅 빈 덕이다. 덕이 모여 완덕이 된다. 완덕은 사랑이다.   2006. 7. 12.

새 소리가 나를 초월한 선의 세계로 이끈다. 모든 것이 나를 신비로 이끈다. 모든 것이 나를 신비로 이끌면, 그의 삶은 성공을 거둔 것이다. 번역도 나를 신비로 이끈다.   2006. 7. 12.

무엇을 해도, 어디를 가도 신비만이 있다. 그러므로 똑같은 신비만이 있으니, 선택의 자유가 선다. 자유를 얻는다. 이는 최후의 승리다. 완전한 해방이다.   2006. 7. 13.

별똥이 떨어지다가 무한의 공간에서 산화하듯이, 우리의 죄, 욕망, 그런 것들이 무한의 사랑 앞에서 녹아 버린다. 허공에서 산화되어 버리고 만다.   2006. 7. 13.

그리스도께서 말씀하시고, 프란치스코가 따르는 회개란, 불교에서 말하는 깨달음이 아닌가 싶다. 프란치스코가 회개를 한 사람을 가장 복된 자라고 하며, 자신은 회개를 하고 세속을 떠났을 정도이니 말이다.   2006. 7. 14.

회개의 열매로 선을 얻은 사람은 모든 사건, 사물, 사람으로부터 선을 얻게 되고, 이제는 가장 어려운 것을 더 좋아하게 되어, 가장 어려운 것에서 선을 얻으려고 한다. 2006. 7. 15.

모든 것에서 선으로 달려가고, 가장 어려운 것을 통하여 선으로 달려가니, 이제 가슴 속에는 선만이 쌓인다. 쌓인 선이 덕이다.
 이 덕이 이제는 하나의 양심을 형성하여 자나 깨나 늘 가슴속에서 빛을 발한다. 2006. 7. 16.

 이 빛을 하느님께서는 너무도 좋아하시어, 이 빛에 빛을 더하신다. 언제 어디서나, 잠을 잘 때도 빛을 받으며 잔다. 빛만 있다. 꿈이란 있을 수 없다. 2006. 7. 17.

 아무것도 하기 싫은 무료함 위에는 침묵의 하느님께서 폭력적으로 덮치신다. 침묵을 관상한다. 2006. 7. 18.

 본능 앞에서 인간이 무엇을 할 수 있단 말인가? 본능이란 말할 나위도 없이 하느님의 작용이다. 본능이 하느님의 작용임을 깨닫는다면 즉시 본능을 초월하게 된다. 본능과 하느님은 하나다.
2006. 7. 19.

사방이 벽으로 둘러싸인 마지막이자 최초의 관문은 결국 십자가다. 아무리 깨달았어도 십자가가 깨달음을 지탱시킨다. 결국 남는 것은 인내다. 인내만이 나의 모든 문제를 해결한다.   2006. 7. 19.

누구나 죽는다. 거기에 변함없는 영원이 있다. 강물이 흐른다. 거기에 변함없는 영원이 있다.   2006. 7. 20.

부서진 마음에 위로가 깃든다. 그 위로는 인내인 나에게서 온다. 나는 인내다. 고요다. 평화다. 위로다.   2006. 7. 21.

인내만이 모든 만고만난을 극복한다. 영혼의 속성이 인내이기 때문에 인내하기란 매우 자연스런 일이다. 그리고 인내는 하느님의 속성이기도 하다. 나와 하느님은 인내로 일치한다.   2006. 7. 22.

무한히 펼쳐지는 십자가와 피와 성체 뒤의 세계여! 새 하늘과 새 땅이여! 선(善)이여! 어두움이 오면 받고, 밝음이 와도 받고, 욕망이 생기면 욕망이 되어 버리고, 미움이 생기면 미움이 되어 버리고, 도무지 아무것에도 저항하지 않는 가난이여! 그리고 가난의 꽃이여, 무한이여! 덕이여!   2006. 7. 23.

무엇을 나의 소유로 할 때 순간 악(惡)이 생긴다. 어떤 욕망도 나의 것으로만 하지 않으면 악은 끼어들 곳이 없다. 악은 원래 없는 것이다. 그 없는 악을 무찌르려고 하신 분이 그리스도이시다. 그리스도께서 악 앞에서 아무 저항도 하지 않는 가난의 순명을 보이심으로써 악은 흔적도 없이 사라졌다. 그런데도 왜 사람들은 악을 만들어 가지고 그 악과 사투를 벌이는가? 만들어진 악을 당할 장사는 이 세상에 아무도 없다. 애초에 만들지를 말아야 한다. 가난만이 살 길이다.

2006. 7. 24.

만사, 만물, 만인이 나를 회개로 이끈다. 나를 존재로 이끈다.

2006. 7. 25.

왠지 마음에 들지 않는 사람의 말을 따르고, 주는 것 없이 미운 사람을 환대하고, 죽어도 하기 싫은 일을 하며, 그 사람을 위해서라면 조그만 희생도 도무지 하고 싶지 않은 사람을 위하여 희생을 하고, 자기 자랑만 늘어놓는 사람의 말을 경청하며… 이 모든 행위를 수스티네레(sustinere, 견디다)라 한다.

인내하고 견디면 무어라 말로 다할 수 없는 감미로움이 인다. 이 감미로움을 체험한 사람은 인내하고 견뎌야 할 어떤 "또 다른 어려움이 없나" 하고 찾게 된다. 누가 혹시 오늘 나를 무시하는 사람이 있었으면 하고 하느님께 빌게 된다.

2006. 7. 26.

불평불만이 있다는 이야기는 어떤 일이나 사람이나 자연이나 물건이 마음에 들지 않는 괴로움이 마음 안에 있다는 이야기인데, 이는 이 쓴맛이 단맛으로 변하지 않은 사람이라는 뜻이다. 결국 회개를 하지 못했다는 뜻이 된다. 2006. 7. 27.

내가 회개를 했는지 못 했는지를 알아낼 수 있는 점검 장치는 누가 나를 무시할 때에, 아니면 해야 할 어려운 일이 닥쳤을 때에 그 쓴맛이 단맛으로 바뀌는가 아니 바뀌는가를 보면 알 수 있다. 2006. 7. 28.

완전한 깨달음은 이 세상이 천국임을 깨닫는 것이다. 사람들은 천국에서 살고 있으면서도 천국에서 살고 있는 줄을 모르고 산다. 이 세상은 저 세상의 현시다. 성자는 성부의 현시다. 나도 성부의 현시다. 성부를 따로 찾을 필요가 없다. 이를 깨달으면 나는 늘 순수 속에서 산다. 순수가 성령이시다. 2006. 7. 29.

"식욕이나 성욕도 저쪽 세상 이야기가 이쪽에서 보이는 것이기 때문에 나의 것으로 하지 않고 지나가도록 할 수 있고도 남는데들 그러네". 2006. 7. 30.

2006년 8월

어떠한 문제가 있을지라도, 그 문제를 있는 그대로 받아들이면 그 문제는 나를 지나간다. 그 지나간 자리에 고요가 있다. 무한이 열린다.　　　　　　　　　　　　　　　　　　　2006. 8. 1.

어떤 문제도 내 안에서 걸리지 말아야 한다. 걸리기 때문에 자꾸 해결을 보려고 하고, 해결이 안 되면 밖으로 내뿜는다. 하여튼 걸리지 말아야 한다. 무엇도 어떤 사람도 걸리지 않아야 한다. 그 때에 광활한 무한과 고요가 보인다.　　　　　　　　　　　2006. 8. 2.

도무지 걸리는 것이 없는 상태를 일컬어 덕(德)이라 한다. 덕이 나타나야 그 다음에 작은 일에 충실하게 되고, 늘 현재에 머물게 된다.
　　　　　　　　　　　　　　　　　　　　　　　　2006. 8. 3.

유혹이나 어두움이나 문제를 아예 처음부터 물리칠 수 있으려면 덕이 자리를 잡아야 한다. 장마의 홍수가 모든 것을 쓸어 가듯이 유혹이나 어두움이나 문제들이 나를 통과하여 지나가야, 그 다음에 물리칠 수 있다. 2006. 8. 4.

사랑은 자동적으로 모든 어두움을 물리친다. 저절로 물리쳐진다.
2006. 8. 5.

십자가가 지나간 다음의 고요와 무한이 아니면, 어떤 고요와 무한도 참다운 고요와 참다운 무한이 아니다. 대개 십자가가 통과하지 않은 상태에서의 고요와 무한은 거의가 다 생각이나 상상에서 오는 고요와 무한이다. 절대로 배격해야 할 오류이다. 2006. 8. 6.

거짓 고요와 무한에 들어가면 악령이 끼어들기 쉽다. 비록 악령은 아니라 할지라도 좋지 못한 영에 빠지기가 십상이다. 십자가를 통과한 영을 받아야 하는데, 십자가를 통과했을 때에 소위 프란치스코가 말하는 그리스도의 영이 든다. 2006. 8. 7.

십자가가 지나가면서 육(살)이 스러질 때 그리스도의 영이 든다.
2006. 8. 8.

이 세상은 무한뿐이다. 이 세상이 무한뿐임을 깨달을 때에 단순과 순수가 다가온다. 단순과 순수가 없을 때 인간은 이중생활을 하지 않을 수 없다.　　　　　　　　　　　2006. 8. 9.

　진리, 즉 죽음과 부활 안에 살면 늘 편안하고, 이 편안함 안에는 원수가 침입할 틈이 없다.　　　　　　　　2006. 8. 10.

　진리 안에서 옳게 살면 그리스도의 부활의 세계에 들게 된다. 옳게 산다 함은 덕(德)스럽게 삶을 뜻한다. 그러니 덕이 다다.
　덕으로 신비로운 부활의 세계에 든다. 덕 안에 늘 있기만 하면 어마어마한 부활의 세계에 살게 된다. 부활의 힘 안에 살게 된다. 그리고 부활을 관상한다.　　　　　　　　2006. 8. 11.

　미소한 일들이 나를 부활의 세계로 이끈다. 부활의 신비가 곧 삼위일체다. 삼위일체의 신비에 참여한다.　　　2006. 8. 12.

　내가 없어지면 어마어마한 부활에 들게 된다.　2006. 8. 13.

　죽음과 부활의 주인공. 나도 주인을 따라서 죽고 부활하니 그리스도는 나의 주인이라!　　　　　　　　　　2006. 8. 14.

　그 부활의 세계란 평소의 나의 마음에 직통한다. 평소의 마음에 어떤 문제(미움, 욕망 등등)들이 흠집을 내지 않고 그냥 지나가도록 내버려 둔다. 이렇게 지나가도록 그냥 내버려 두는 것을 나의 것으로 붙잡지 않으니까 가난이라고 하며, 십자가를 진다고 한다.

문제들이 지나간 그 평소의 마음에서 영원으로 들기 시작한다. 평소의 마음이 영원의 문이다.   2006. 8. 15.

그리스도만이 아니라 그러고 보니 나도 부활이요 진리요 생명이다. 그것이 나다.   2006. 8. 15.

문제들이 지나기 전의 마음이나 지나간 후의 마음은 동일한 마음이다. 이제 나는 그 영원과 하나가 되었으니 나는 영원이 되었다. 그리고 나는 무엇이든지 자유로 할 수 있다. 나는 무엇이든지 자유롭게 선택할 수 있는 것이다.   2006. 8. 16.

하루 생활에서 흘러서 아래로 내리고 내리는 것은 이 평소의 마음을 유지하기 위해서다.   2006. 8. 17.

평소의 마음은 힘이 있고, 영원하고, 넓고, 높다. 그리고 거룩하고, 고요하다. 피난처다. 평소의 내 마음이 나다. 아무것도 아니다.
                                    2006. 8. 18.

하느님을 알고 나면 누구나 허탈해질 것이다. 왜냐하면 평소의 마음이 곧 하느님의 마음이요, 하느님이시니 말이다. 그렇게 갈구하고 찾던 마음이 지금의 내 마음임을 많은 사람들이 알았으면 좋겠는데, 자꾸 다른 데서 찾으려고 하니….

2006. 8. 19.

잃어버린 평소의 마음을 다시 찾기란 누워서 떡 먹기다. 평소의 마음을 잃어버렸을 때에는 다음에 다가오는 문제를 파도가 지나가듯이 넘기면 그 즉시 평소의 마음이 돌아오기 때문이다.

2006. 8. 20.

죽음과 부활의 진리
(진리 안에 들면 편안하다)

나는 백옥같이 희도록 깨끗하다. 그리스도께서 십자가 상에서 돌아가셨기 때문이다. 죽음의 원리, 희생의 원리를 몰라서들 깨끗해졌음을 모르는 것 같다. 죽음과 부활은 진리다.

중간에 껴서 희생하면 양쪽이 깨끗해진다. 남편과 자식 사이에 끼어서, 이혼을 하지 못하고 자식을 위해서 부인들이 그 한 몸 희생하는 경우가 허다하다. 그렇게 희생하고 살면 자식들은 아무것도 모르고 편안하다. 왜 편안한지도 모른다. 남편도 편안하다. 부인도 부활 신앙이 있기 때문에 편안하다. 모두가 편안하다. 세계가 하나가 된다. 모두가 한 형제가 된다. 이렇게 우주와도 한 형제가 된다.

중간에 껴서 어려운 일이 생기면, 나 못 해 먹겠다고 그만두려고 한다.

    사회에서는 무슨 일이 잘못되면 책임을 물어서 희생자 하나를 만들어서 무마한다. 대개 힘없는 사람이 희생이 되기 일쑤이다. 이라크 전쟁에서 이라크 병사들에 대한 나체 고문으로 미국이 비난을 받게 되자, 어떤 여자 군인을 문제의 발단으로 지적하여 그 여군이 희생되었다고 들었다. 그렇게 해서 무마했다.

    우리 현 정부도 그런 식으로 사건을 해결하는 것 같다. 대개 사표를 내고 물러난다. 물론 어떤 사람은 사표를 내지 않는 경우도 있는 것 같다. 어찌 되었든 간에 하나의 희생양이 만들어지면서 사건은 종지부를 찍고 평온을 되찾는다.

    군대에서 정 일병은 중대장의 구타에 넘어지기를 반복하면서도, 반복적으로 다시 일어나 정자세를 취하고, 또 넘어지고 일어나기를 약 30분간을 계속하였다. 나중에는 부대원들이 중대장을 만류하여 사건은 종지부를 찍었지만, 말없이 묵묵히 구타를 당하는 정 일병에게서 그리스도의 희생을 보았고, 그리스도가 당신의 희생으로 가져다주는 고요이신 성부를 볼 수 있었다.

    수련 기간 동안에 닭도 잡고, 개도 잡고, 토끼도 잡고, 돼지도 잡았지만, 유독 양을 잡을 때는 조금의 저항도 없었다. 거기서도 고요이신 성부를 볼 수 있었다. 예는 얼마든지 더 있다. 정박아들, 쪽방 사람들. 그들 자의로는 아니지만 죽음 쪽으로 간 사람들이다. 쪽방 사람도 경쟁에서 진 사람들이다. 경쟁에서 누구 하나는 져야 이기는 사람이 잘산다. 잘사는 사람은 못사는 사람이 있어서 잘산다. 못사는 사람들이 사회를 지탱한다. 저능아가 있어서 천재가 있다. 다 천재일 수는 없잖은가? 선천적인 기형이 있어서 우리가 수족이 멀쩡하다.

정박아가 있어서 우리가 있다. 거지가 있어서 부자가 있다. 희생자 쪽이 바로 그리스도이시다.

이 모두가 다 죽음이 우리를 부활한 세계로 이끄는 예들이다. 이것을 깨닫고 자신의 생활에서 죽는 자는 산다. 옳은 것은 힘을 준다. 진리는 힘을 준다. 희생을 하면 할수록 부활의 세계에서 기쁘게 살게 된다. 자신이 가장 고생했다고 해도 부활을 모르면 아무것도 아니다. 아무리 작은 희생이라도 부활을 알면 큰 부자가 된다. 예를 들면 책상을 같이 든다든가, 청소를 같이 한다든가, 물 한 잔을 준다든가, 그러한 작은 것도 나를 부활의 세계로 이끈다.

"죽으면 살리라".
"가장 높은 자리에 앉지 말고 가장 낮은 자리에 앉아라".
"가지고 있는 모든 것을 버리고 나를 따르라".
"누가 오른쪽 뺨을 때리거든 왼쪽 뺨마저 내밀어라".

수많은 사람의 희생으로 나는 지금 편안하다. 그러니 내가 편안하다. 편안함에 그쳐서는 아니 된다. 부활을 관상해야 한다. 이재민이 있어서 지금 우리는 편안하다. 여기서도 부활을 관상해야 한다. 그러니 당연히 도와주어야 한다. 도와주면 그 사실이 하나의 희생이요 죽음이기 때문에 부활의 세계로 들어간다. 다른 사람의 희생으로 내가 부활의 세계로 들어갈 수 있고, 나의 희생으로도 부활의 세계에 든다. 그러니 불쌍한 사람을 보고도 못 본 척하면 그리스도를 따르는 것이 아니다. 그렇게 해서 부활을 관상하는 관상 기도인데, 못 본 척하고 관상 기도를 하는 그 관상 기도는 어떤 관상 기도인가 의심스럽다.

죽음과 부활은 진리다. 믿지 않을 수 없다.

사람은 누구나 어둡다. 나도 어둡고 너도 어둡고 전 인류가 어둡다. 하느님은 사랑이시기에, 이렇게 어둡게 살 수밖에 없는 인류를 하느님이 그냥 두실 수 없다. 그래서 하느님은 진리이시니까 누구 하나를 진리에 입각해서 희생시킬 수밖에 없다. 당신이 직접 희생하신다. 그분이 그리스도이시다. 우리는 깨끗해지고 편안해졌다. 그리스도께서 오시어 세상을 밝게 비추었다. 우리는 그 빛을 느끼고 살아야 한다. 그 빛으로 우리의 어두움, 그 놈이 사라졌다. 여기서 편안하다는 것은 내 안에 있는 사욕(그 놈)이 사라져 그리스도께서 주시는 평화를 받았음을 뜻한다. 육신적인 안락을 말하는 것이 아니다.

팽팽 도는 죽음이 곧 부활이라서 이렇게 팽이가 아름답다. 어려서 크레용으로 나무 팽이에 색칠을 하면 색칠하는 부분이 울퉁불퉁해서 색을 칠한 것 같지가 않다. 그래도 돌리면 무지개 색이 나온다. 팽이가 돌다가 그치면 이 크레용 색이 그렇게 아름다웠나 의심스러워서 팽이 위를 유심히 보고, 또 팽이채로 돌리기 시작한다. 나를 황홀하게 했던 그 팽이는 지금 어디 있는지 그립다.   2006. 8. 21.

이것이 그것이다. 이것이 그것이어서 기쁘다. 기쁨은 성령이다. 이리하여 삼위일체에 이른다.   2006. 8. 22.

아이들은 어머니가 힘들게 삶으로써 자신들이 편하게 살고 있는

지를 모른다. 그렇게 모름으로 존재하시는 분이 성부이시다. 완전히 숨어 계시다. 그러나 어머니에게는 그 숨어 계신 분이 보인다. 그 숨어 계신 분은 곧 어머니의 고통이다. 어머니의 고통의 대가로 아이들이 편하게 살아간다. 그래도 자기 어머니의 고통이 아이들에게는 보이지 않는다. 성자와 성부는 하나다. 그 하나임이 아이들에게는 편하게 사는 것으로 나타난다. 아이들에게는 기쁨으로 나타난다. 이렇게 해서 삼위일체가 된다.

홍수로 전국이 난리다. 그런데 우주 환경 연구가들의 말을 빌리면, 지구의 환경이 좋아지려면 홍수가 반드시 필요하다고 한다. 홍수는 일종의 지구 대청소라고 한다. 따라서 누구는 그 홍수의 피해를 입지 않을 수 없다. 따라서 피해를 입은 자들을 도와주어야 한다. 그 피해를 입은 자는 내가 입을 피해를 대신 입었기 때문이다.

하느님은 사랑이시다. 그래서 성부는 인간이 죄 중에서 어둡게 살아가고 있는 것을 그저 보고 있을 수가 없으시다. 누군가가 그 죄를 대신 갚게 하여, 인간들이 잘 살게 하지 않을 수 없는 분이시다. 만약에 그리스도가 안 하셨다면 나도 그 죄를 대신해야 할 형편이다. 내가 당해야 할 것을 그리스도께서 대신하신 것이다. 그러니 나는 그리스도를 도와 조그마한 십자가라도 져야 한다. 그 십자가를 지면 그 십자가가 아무리 작고 보잘 것이 없어도 성부께서는 성자의 그것과 똑같이 보신다.

그리하여 나의 희생적 십자가도 나의 주위의 사람들을 평화스럽게 한다. 그러나 나의 주위의 사람들은 왜 편한지를 모른다. 성부를 모른다. '모름'으로 흔적도 없이 계시는 분이 성부이시다. 성부는 가난이시다. 성부는 겸손이시다. 그러나 나는 보인다. 나의 십자가의 고통이 곧 성부의 보이지 않음의 모습으로 그들에게 나타났다. 몸에 상처가 났을 때만 고통을 느낀다. 상처가 없을 때는 아무 느낌도 없다. 성부는 그렇게 존재하신다. 나의 고통과 성부가 하나 됨으로써 주위 사람들을 편안히 살게 한다. 그러니 주위 사람들에게 충고를 일삼고 어려움을 주는 것은 그리스도인으로서는 말도 안 된다. 나의 조그만 희생 하나가 나를 삼위일체의 신비 안에 들게 한다.

지금의 나도 평상심 안에서 편안히 살아갈 수 있는 것은 성자의 희생이 있어서다. 성자의 희생으로 평상심 안에 그렇게 성부께서 살아 계신다. 그리하여 나의 평상심을 통하여 어렵지 않게 삼위일체에 든다.

2006. 8. 23.

모든 괴로움, 모든 어려움, 모든 문제들, 모든 어두움이 단맛으로 변한다. 이것을 알아야 한다. 십자가의 침묵으로 단맛으로 변한다. 그러므로 이 세상을 살면서 문제가 있을 수가 없다. 불평이 있을 수 없다. 불평은 침묵을 통하여 단맛으로 변한다. 이 점을 알아야 한다.

2006. 8. 24.

모든 문제가 그 자체로 십자가다. 거기서 한 발자국이라도 움직이면 죽는다. 십자가를 진다는 말도 사실 한 발자국 움직인 것이다. 모든 것을 받아들인다는 말도 사실 한 발자국 움직인 것이다. 인내한다는 말도 사실 한 발자국 움직인 것이다. 십자가는 지나간다는 말도 사실 한 발자국 움직인 것이다. 문제가 있으면 그 자체가 십자가다. 일 밀리라도 움직이면 죽는다. 움직이지 않으면 부활한다. 그래서 그리스도도 십자가에서 못에 박혀 조금도 움직이지 않았다. 움직이지 않으면 모든 것이 덕으로 변한다. 2006. 8. 25.

움직이지 않으면 어두운 세계를 자동적으로 하직하게 된다. 아직도 움직이는 기운이 있으면 사실 완전히 떠난 것이 아니다. 구습에서 떠나지를 못하고 있는 것이다. 조금도 움직이지 마라. 고요가 살아난다. 그리하여 고요의 세계로 영원히 탈출한다. 덕이 고요한 세계다. 덕으로 달아나라. 2006. 8. 26.

덕의 나라는 안정감으로 둘러싸인 호젓한 나라다. 감미롭고 고요하고 아무도 침범할 수 없는 나라다. 2006. 8. 29.

어떤 어려움도 십자가로 바치면 큰 것을 받는다. 이는 마치 똥을 바치고 황금을 얻는 것에 비유할 수 있다.

어떤 어려움도 이제부터는 도무지 어렵지가 않으니 나는 단순해진다. 박식한 무지에 이른다. 새처럼 가벼워진다. 단순히 무지를 뜻하는 것이 아니고, 무사고(無思考)를 뜻하는 것도 아니다.

친구도 좋고, 어머니도 좋고, 부유함도 좋고, 여인도 좋고, 모든 것이 좋지만, 그 좋은 것들은 지상적인 좋음이기 때문에 천상적인 좋음과는 다르다. 그래서 그런 지상적인 좋은 것에 침묵하여 십자가로 바칠 수밖에 없다. 하여 이 좋은 것들을 십자가로 바치면 더 풍요로워지고, 천상적인 풍요로움으로 바뀌는 과정에서 나는 없다. 이 때 진정으로 겸손을 깨닫게 된다.

신선하고 상쾌한 평화가 온다. 하느님이 온다. 그러고 보면 이 신선한 평화는 이 세상에 널려 있다. 식탁에서도 발견할 수 있고, 물에서도 발견할 수 있고, 바람, 공기, 어디서나 발견할 수 있다. 그래서 그 평화를 누리기 위해서 이 세상에 산다. 한마디로 자유롭게 물속에서 유영하며 노는 기분이다. 우리가 왜 이 세상에 사는가?

하느님의 숨결을 어디서나 느끼고, 그 숨결을 호흡한다. 얼마나 좋겠는가? 호흡에서도 느낀다. 그 숨결은 자연의 그것과 같다. 놀이의 그것과 같다.

그 놀이 안에서 프란치스코가 나를 형제로 받아들임을 느낄 수 있다. 이제 나도 성인은 아니지만 그들의 식탁에서 그들과 동료가 되었음을 느낄 수 있다. 성인들의 형제가 되었음에 감사를 드리는 것이다. 진정으로 하느님의 자녀가 되었음을 느끼는 것이다.

2006. 8. 30.

늘 편안하다. 심신이 편안하다. 언제나 어디서나 빛을 비추시기 때문에 그 빛을 관상하지 않을 수 없다. 이는 내가 의지적으로 하는 관상이 아니다. 의지적으로 하는 관상은 힘들고, 게다가 좋지 않은 영이 끼어들 수가 있어서 위험하기까지 하다. 그러나 십자가를 통한 선을 조금씩 조금씩 관상하면 좋지 않은 영이 들어올 틈이 없다. 그러다가 마음을 편안하게 하는 빛이 비치면 그 때는 오랫동안 관상해도 좋다. 24시간 빛을 비추시기 때문에 생활이 빛이 된다. 잠을 잘 때도 빛을 비추신다.

2006. 8. 31.

2006년 9월

모든 복은 십자가 뒤에 숨겨져 있다. 십자가 보자기에 싸여 있다.
2006. 9. 1.

성질이 날 때, 어두움 자체가 되려고 하지 않기 때문에 성질을 내게 된다. 어두움이 되어 버리면 어려울 일이 없다. 몸이 아플 때도 마찬가지다. 아픔 자체가 되어 버리면 아픔도 별거 아니다. 더위도 마찬가지다. 더위 자체가 되어 버리면 덥지 않다. 2006. 9. 2.

십자가의 문을 통과하여 침묵의 집으로 들어가면, 그 침묵의 집은 고요하고 넓다. 늘 그 집에서 살아야 한다. 그 집에서 밖을 내다보고 모든 폭풍과 눈보라가 지나가는 것을 바라볼 수 있어야 한다. 그 바라보는 자가 나다. 지금의 나다. 2006. 9. 3.

바라보는 자가 바로 '나'임을 깨달은 자는 흔들리지 않는다. 바라보는 자는 흔들리지 않는 변함없는 자이기 때문이다. 이것을 영혼이라 하는데, 이 영혼을 한번 본 사람은 이 영혼이 바로 하느님을 닮았음을 알 것이다. 당신 자신을 닮은 영혼이 마음에 드시어, 늘 그 영혼에 빛을 비추신다.

누가 뭐라든, 욕을 하든, 모욕을 주든 조금도 흔들리지 않는 경지를 프란치스코는 최고의 경지로 꼽았다.   2006. 9. 4.

영혼을 보았다고 해서 사물을 보듯이 그렇게 보는 것은 아니다. 어떤 침묵적 존재를 내 안에서 발견하는 것이다. 그러나 무어라고 말로 할 수 없는 그런 존재다. 그래도 그렇게 확실하다. 그래서 영혼을 보았다고 말하는 것이다.   2006. 9. 5.

이 세상에 깨달음보다 더 좋은 것이 없는데, 사실 깨달음이란 가난을 알아듣는 것으로서, 결국 나도 나의 것이 아님을 깨닫는 것이다. 내가 없음을 깨닫는 것이다. 내가 없으면 그렇게 편할 수가 없고, 내가 있으면 그렇게 무거울 수가 없다. 내가 없으면 나는 보는 대상이 되고, 듣는 그것이 되며, 느끼는 그것이 된다.

나는 매미 소리가 되며, 나는 더위가 되고, 너는 내가 되니, 세상이 고요하고 순수하고 드넓다. 그것이 나다.   2006. 9. 5.

삼위일체란 내가 없을 때 저절로 알아듣게 된다. 없음은 곧 성부요, 고요와 순수는 성령이며, 영혼을 지닌 육신의 나는 성자다. 없음을 깨달으면 동시적으로 삼위일체가 꽝 하고 울린다.   2006. 9. 6.

많은 이들이 미운 사람 때문에 괴로워하는데, 마음 한번 바꾸어 먹으면 이 세상에 미운 사람이 없다. 그리고 나는 없어서, 내가 보는 자가 내가 되니 이미 하나가 아닌가? 2006. 9. 7.

내가 없으니 나의 물건도 없다. 물질에서 해방을 하면 그것 또한 대단한 기쁨이다. 훨훨 나르게 된다. 그리고 물질을 진심으로 사랑하게 된다. 2006. 9. 9.

회개란 상대방에게서 나를 거울처럼 보는 것이다. 나의 죄성을, 나의 카로(caro, 살, 육)를 확연히 보는 것이다. 그러니 그를 사랑하지 않을 수 없고 그에게 봉사하지 않을 수 없다. 상대방을 사랑하지 않는다면, 그리고 그에게 봉사하지 않는다면 이는 회개를 하지 않았다는 명확한 증거다. 2006. 9. 10.

나를 괴롭히는 그 사람의 죄성[살, 육]과, 그것을 괴로워하는 나의 죄성은 너무도 동일하다. 이 점을 통렬하게 깨달아야 한다. 이러한 회개 앞에서 울지 않을 수 없다. 2006. 9. 11.

"나는 죄인이요"를 진정으로 한번 외칠 수 있다면, 세상이 깨끗해진다. 그리스도는 죄인으로 매달리어 세상을 씻으셨다. 거의 대개가 진정으로 나의 잘못을 인정하는 경우가 드물다. 그래서 자신도 깨끗해질 수 없고, 다른 사람도 깨끗하게 할 수 없다.

"나는 죄인이요"를 외칠 때 어떤 죄를 져서, 그 죄를 고백하는 것이 아니다. 나의 죄성을 통렬히 깨닫는 것이다. 다른 사람들의 죄는, 내가 비판하는 상대방의 모든 것은 고스란히 나의 죄성에서 오는 것이다. 그러니 내가 그것을 떠맡지 않을 수 없다. 내가 보속하지 않을 수 없다. 깊은 침묵에 젖어 들지 않을 수 없다. 그 다음에 부활한다.   2006. 9. 12.

나환자가 나의 면전에서 나의 죽음(죄성, 살, 육)을 그대로 거울처럼 보여 주듯, 나의 죽음을 그리스도의 십자가는 그대로 보여 준다. 그래서 회개한다. 이 죽음이 그분을 죽였고, 그의 죽음으로 이 죽음이 죽었다. 그리스도의 죽음으로 죽음을 죽인 사람은 죽어도 죽지 않는다. 인간의 죽음은 그 죽음을 그대로 받아들일 때, 죽음이 죽는다. 받아들이지 않으면 죽음이 살아 있는 채로 죽어서 죽은 다음에 어두운 데로 간다.

나의 죽음을 그대로 받아들일 수 있으려면, 평소에 어려움이나 괴로움을 그대로 받아들이는 훈련이 되어 있어야 가능하다. 훈련이 되어 있지 않아도 하느님의 은총으로 가능하기도 하다. 일생을 어렵게 살았어도 죽을 때에 죽음이 죽으면 천국에 간다. 그러나 일생을 죽음을 섬멸하면서 잘 살았어도 (그럴 리는 없겠지만) 죽음을 있는 그대로 받아들이지 못하면 천국에 들지 못한다.   2006. 9. 13.

병상에서 이렇게 고통스러워서야 차라리 죽는 것이 낫다고 말하게 하는 것이 바로 육이요, 살이요, 막이요, 심이다. 그것이 없어져야 죽음을 진정으로 받아들이게 된다. 그럴 때에만 그리스도의 죽음을 완벽하게 알아듣게 되고, 그리스도의 죽음으로 세상에 평화가 왔음을 깨달아, 평화를 누리게 된다. 고요를 누리게 된다.

2006. 9. 14.

어두움을 통과하여 새롭게 태어난 사람은 그 사람이 하는 움직임 하나하나가 기도요, 말 하나하나가 기도요, 생각 하나하나가 기도요, 기도가 아닌 것이 없다. 그 사람이 기도가 된다. 참으로 행복하다. 행복을 관상한다. 이것이 양심이 된다.

2006. 9. 15.

생활이 관상이다. 그것이 희생하는 생활이든 노는 생활이든 일하는 생활이든 생활에는 그렇게 하느님이 계시다. 그것이 모두이고, 그것으로 족하고, 그것으로 좋다. 그것이 너무 좋아서 좋음만을 따로 관상할 수도 있다. 이것은 생활과 분리된 관상으로서 차원이 한 차원 높다 하겠다.

그러나 1체에서 분리된 3위의 관상이면 안전하지만, 1체에서 분리되어 나오지 않은 각각의 3위 관상은 성부도 참 성부가 아니요 성자나 성령도 마찬가지다.

첫출발은 그리스도의 십자가로부터 출발하여 성부에 이르고 성령에 이르러야 안전한 각각의 삼위를 통하여 1위에 이를 수 있고, 이 1위에서 3위가 나와야 한다.

정결, 가난, 순명도, 성자이신 순명에서 출발하여 성부이신 가난에 이르고, 순명과 가난이 만나는 곳에는 순수한 성령의 정결이 싹튼다.　　　　　　　　　　　　　　　　　　　2006. 9. 16.

지금의 평상심이 삼위일체의 상태다.　　　　2006. 9. 17.

그리스도는 나의 모든 부족함이시다. 부족함에 빛이 비친다. 크레파스에 빠져 있는 나를 찾아내어 구하셨다. 식욕 통제, 우유부단(優柔不斷), 중요성의 순서를 모르는 등 자신의 단점들을 발견만 하면 즉시 고쳐 주신다.　　　　　　　　　　　　　　2006. 9. 17.

신문을 거들떠보지 않는 세계가 무(無)의 세계다. 컴퓨터 게임을 모르는 세계가 무의 세계다. 테니스를 모르는 세계가 가난의 세계다. 섹스를 모르는 세계가 성부의 세계다. 그러나 무를 바탕으로 유(有)가 있다. 성부를 바탕으로 성자가 있다.　　　　　2006. 9. 18.

상대방의 어두움의 저변[살, 에고(ego), 심]은 바로 나도 지금 가지고 있는 저변임을 확실하게 깨달을 때에, 나에게서 상대방을 비난하거나 손가락질하지 않는 회개가 이루어지며, 거기서부터 자비가 솟는다. 이 자비가 참 자비요 사랑이다. 그래서 프란치스코도 나환우에게 자비를 베풀었던 것이다.　　　　　　　　　2006. 9. 18.

생활(운동, 번역)이 삼위일체의 기도다. 예를 들면 번역을 할 때에 우선은 하기 싫다. 그래도 하고 나면 기쁘다. 하기 싫은 것을 억지로 하는 것이 얼마나 좋은 일인지 알고 그것을 관상하면 그것으로 그리스도의 고통을 관상하는 관상으로 넘어갈 수 있고, 기쁨을 관상하면 성령의 관상으로 넘어갈 수 있다. 그리고 억지로 할 때, 그 때에 나는 없다. 내가 있으면 억지로 할 수가 없다. 없음(가난)을 관상하면 성부를 관상하는 것이다. 없음은 사랑이다. 없음이 사랑이어서 없음에 머무름이 사랑(caritas)을 관상하는 것이고, 사람을 사랑하는 사랑(misericordia)도 관상해야 사람을 완전히 사랑할 수 있다. 이렇게 생활을 바탕으로 하는 기도가 안전한 기도다. 그렇지 않고 삼위를 각각 관상하다가 큰일 난다. 악령에 잡혀 간다. 2006. 9. 19.

살아 있다는 자체가 죄성(罪性) 안에서 사는 것이다. 거기에 그리스도께서 죄인으로 내려오셨다. 2006. 9. 19.

삼위일체는 쓰레기통을 비우는 일에도 있지만, 그보다는 내가 가장 싫어하는 사람의 말을 들을 때에 거기에 삼위일체가 있다. 말하자면 죽음과 부활에 삼위일체가 내재한다.

쓰레기통을 비우는 일:
비우기가 싫다. 그러나 참고 한다 = 그리스도
비우고 나면 기쁘다 = 성령
참고서 비울 때 나(ego)는 없다 = 성부

내가 싫어하는 사람을 위한 봉사:

봉사를 억지로라도 한다 = 그리스도

봉사하고 나면 기쁘다 = 성령

봉사하는 나는 없다 = 성부

죽음과 부활은 동시적이다:

죽음은 싫으나 죽는다 = 성자

죽고 나면 우주가 나의 것이다 = 성령

죽는 나는 없기 때문에 편안히 죽는다 = 성부   2006. 9. 19.

귀뚜라미 소리, 풀벌레 소리, 새 소리 이 모든 것의 주인과 나의 주인은 하나다. 나의 주인을 발견하면 그들의 주인도 발견하게 된다. 우주가 하나다.   2006. 9. 20.

나의 모든 문제를 나의 것으로 하지 않는 순간, 어떤 영이 나타난다. 그것이 주님의 영이다. 그 주님의 영이 나의 모든 문제의 주인이라서, 그 주인이 다 하도록 내버려 두는 것이 신앙이다. 그것이 주인이기 때문에 나를 - 에고(ego)를 - 없애고, 그 주인이 내가 되도록 하면 내가 해야 할 것은 하게 되고, 하지 말아야 할 것은 아니 하게 된다. 그 주인을 만나지 않고는 자유를 얻을 수가 없다. 죄를 피할 수가 없다. 그 주인이 바로 주님이신 예수 그리스도이시다.

2006. 9. 20.

나의 모든 행위가 기도다. 걷는 것도 기도다. 말하는 것도 기도다. 숨 쉬는 것도 기도다. 밥 먹는 것도 기도다. 잠자는 것도 기도다. 농담도 기도다. 기도가 아닌 것이 없다. 이 모든 기도를 정성스럽게 해야 한다. 그러면 삼위일체와 늘 항상 함께 한다.　　　　2006. 9. 21.

덕에 이르면 나의 의지가 없다. 나의 의지가 없어지면 덕에 이른다.
　　　　2006. 9. 21.

평상심이 불확실성(uncertainty)이신 성부이시다. 우리는 늘 어떤 불확실성 안에서 살아가고 있지 않은가? 이 성부와는 언제 어디서나 늘 함께 있다. 이 성부에 잠입하는 것이 관상이요, 이것보다 좋은 것이 없다.　　　　2006. 9. 22.

나자렛 사람 예수가 하느님이시다. 사람이 하느님이시다. 그렇다면 사람은 없다. 있다면 그리스도만이 있다. 빵이 그리스도다. 빵은 없다. 그리스도뿐이다. 그렇다면 우주가 그리스도다. 우주는 없다. 믿으면 빵도 없고 나도 없고 우주도 없다. 그리스도만이 있다.
　　　　2006. 9. 22.

죽음이 모든 어두움(내 뜻대로 이루지지 않음, 기분이 나쁨, 가난)을 포함하고도 그 모든 어두움을 뛰어넘듯이, 부활도 모든 밝음(내

뜻대로 이루어짐, 기분이 좋음, 풍요)을 포함하고도 그 모든 밝음을 뛰어넘는다.

덕에 들면 성부와 성자와 성령과 완전히 일치한다. 직통한다. 왜냐하면 덕이란 내가 없어지면서 생기는 것이고(원래 있는데 내가 있어서 가려져 있을 뿐이다), 내가 생각이 없어지고, 의지가 사라지고, 감성이 부동하기 때문이다.

그리스도의 십자가와 부활로 하늘과 땅이 하나가 되었다.

불확실성(uncertainty)은 높고 깊고 무한하여 너무너무 좋기 때문에, 하느님이 나를 위하신다, 자비를 베푸신다, 태양이 높이 떠 있다 하는 것이다. 무한은 그 자체로 사랑이다. 2006. 9. 22.

채워지지 않은 식욕이 그리스도이시다. 배고픔이 그리스도이시다. 허기짐이 그리스도다. 2006. 9. 23.

희생으로 의무를 다함이 그리스도다. 그리스도는 고통을 당하심이다. 고통을 당함이 그리스도다. 고통이 그리스도다. 그것도 모르고 고통을 당하는 이를 그래서 돌보아야 한다. 2006. 9. 23.

은총을 헛되게 보내지 않으려면 시원하신 하느님을 관상해야 한다. 그리고는 그것을 되돌려야 더 많이 받는다. 더 채워진다. 더 좋아진다. 2006. 9. 23.

아무것도 없고, 오직 그리스도만이 있는 그 그리스도 안에서 사는 것이 어린이와 같이 되는 것이다.   2006. 9. 23.

회개란 그리스도만이 있음을 깨닫는 것이다. 회개하여 어린이와 같이 되어야 한다. 어린 시절의 나는 내가 없었다. 지금의 나의 생활은 어린 시절로 돌아간 생활이다.   2006. 9. 24.

내가 정말 살아 있음을 알게 된다. 생명을 느낀다. 회개하여 어린이와 같이 되지 않으면 생명을 느낄 수가 없다. 악의 존재는 썩어 없어질 나를 나로 느끼는 것이다.   2006. 9. 25.

우리는 결백을 주장하나, 그리스도는 죄인임을 주장하였다. 그래서 내가 죄 중에 있을 때에 나는 그리스도와 하나 되어, 죄에서 구원을 받는다.

나의 모든 문제들(의무 이행, 게으름, 식욕 절제 등등)이 곧 그리스도이시다. 그래서 나는 거기서 구원을 받는다. 그 자리에서 구원을 받는다.

최후의 나의 어두움은 내가 사람이라는 데에 있다. 그리스도는 사람이 되셨다. 나는 사람이다. 그래서 나는 사람인 그 자리에서 구원된다.   2006. 9. 25.

공부를 하지 않아도 늘 일등인 사람은 일등 하려고 발버둥 치지를 않는다. 일등을 하려고 노력하는 사람은 원래는 일등일 수 없는 사람임을 스스로 증명하는 것이다.

	영어를 배운다 함은 영어를 모른다는 뜻이다. 영어를 모르기 때문에 영어를 배운다. 모름이 있어서 배움이 있다. 모름이 먼저 배움의 토대가 된다. 이 모름이 그리스도이시다.

	이런 식으로 병약, 가난, 멸시, 이루어지지 않음 등등을 이해한다. 이것이 원래 바탕이다. 이 바탕이 제일 중요하다. 이 바탕을 관상한다.

	박사와 무식한 자에서 무식이 바탕이 돼서 박사가 있는 것이다. 그 무식이 원래의 '나'임을 깨달으면 그 모습이 성부의 모습이다. 우리는 성부의 모습을 닮았다(「권고」 5 참조). 이것을 알고 박사가 되면 박사가 되도 문제가 되지 않으나, 그렇지 않으면 뻣뻣해진다. 박사, 고등 고시 등이 하느님과 나 사이의 크나큰 장애가 되는 경우를 많이 보았다.

	이러한 나의 본모습이 아무것도 아님을 깨닫는 것이 회개다.

2006. 9. 25.

	그리스도와 나는 똑같고, 주위 사람도 나와 똑같다. 그래서 나는 편안하다. 그리스도와 주위 사람들 때문에 나의 육(살)이 사라졌다. 사라지면서 영원이 펼쳐졌다. 그러다 보니 견디기 힘든 것이 기쁨이 되었다. 나도 저들 중의 하나다. 그리하여 그들에게 편안함을 주어야 한다. 나는 그저 땅이다. 그리하여 영원이 펼쳐졌다. 이것이 진정 부유함이다.

예수 그리스도를 믿으면 사람들을 차별할 수가 없다(야고 2,1 참조).
2006. 9. 26.

뱃속에 있는 어두움의 얇은 막과 하나 되어, 그 막이 걷히면 옥색 하늘이 펼쳐진다.

나는 없음을 깨달을 때에 거기에도 얇은 막이 있다. 믿음으로 그리스도만이 있음을 깨달을 때도 거기에 얇은 막이 있다. 일종의 어두움이다. 이 어두움도 그것과 하나 되면 옥색 하늘이 펼쳐진다.

이 옥색 하늘이 주인이요 주님이다. 나의 모든 행위를 이끄는 주체다.
2006. 9. 27.

이 바탕(영원, 하느님, 변하지 않는 것)에 나를 이끄는 것들이 바로, 진복팔단의 마음이 가난한 사람들, 하늘 나라가 그들의 것이다. 슬퍼하는 이들 위로를 받을 것이다. 온유한 사람들 땅을 차지할 것이다. 목마른 사람들 흡족해질 것이다. 사람들이 나 때문에 너희를 모욕하고 박해하며, 거짓으로 온갖 사악한 말을 하면, 너희가 하늘에서 받을 상이 크다. 이 세상에서 그런 것들이 변하여 물질적 만족을 준다는 이야기가 아니다. 거기서 하느님을 만난다는 이야기다. 영원을 만난다는 이야기다.

굶주림, 목마름, 이방인(왕따), 헐벗음, 병들음, 감옥의 수인, 학벌이 떨어짐, 꼴찌, 종, 모욕, 고통, 온유(강함), 실패, 변명, 슬픔, 궁핍, 배고픔, 동냥, 못난이. 이런 것들의 극치가 가장 낮은 성체다(수도원을 나가겠다, 체험이 없다, 능력이 없다).

"하느님을 찾는 이들아, 너희 마음 기운 차려라"(시편 69,33). 내가 아무것도 아닌 허무이기 때문에 그런 것들을 추구한다. 그 허무가 곧 나의 바탕이다. 내가 곧 허무다. 허무가 너무 좋아서 관상하지 않을 수가 없다. 그 나와 직결되어 있는 하느님을, 관상을 통해서 내 안에서 발견한다. 2006. 9. 27.

잃어버림이 있어서 취하기도 한다. 취하는 것들은 좋아하는데 잃어버리는 것들은 싫어한다. 2006. 9. 27.

성부이신 가난과 겸손은 눈에 뜨이지 않는다. 둘이 있을 때 그 사이의 관계 안에서 나타난다. 가난과 겸손은 사건이나 사물이나 사람이 있는 그 상태를, 흘러가는 그 상태에 미동도 하지 않고 변동 없이 바라보는 나와 너와의 관계성 안에서 드러나는 것이다. 예를 들어 가난과 겸손이 극명하게 드러나는 곳은 십자가 상인데, 인간의 죄와 하느님과의 관계 안에서 하느님은 변동 없이 그저 바라보기만 하신다. 왜 죄를 지었느냐고 따지지 않으신다. 이 바라봄이, 침묵의 바라봄이 죄를 녹인다. 그래서 죄가 없어지는 것이다.

성녀 클라라는 이 말 없는 바라봄을 말없이 바라보았다. 이것이 그녀의 관상이다. 2006. 9. 28.

"가만히 있어라" 하는 말에 갈등들이 많다. 내가 관여해야 가만히 있어서 일이 되느냐는 것이다. 인간들은 이렇게 처음부터 끝까지 현실에만 매여 있다. 가만히 있는 상태가 곧 하느님의 상태이기 때문에 하느님과 하나 되기 위해서 가만히 있으라는 말이지, 일이 잘될 테니까 믿고 가만히 있으라는 뜻이 아니다. 초점이 하느님이지 지상적인 일이 아니다. 가만히 있으면 일이 잘될 수도 있고, 안될 수도 있고, 관여해야만 일이 잘되는 수도 있고, 안될 수도 있다. 가만히 있는 것은 성부의 가난과 겸손의 외적인 표시다.   2006. 9. 29.

내가 없음을 깨달으면 다가오는 것이 있는데, 그것은 안개와 흡사하다. 그런데 그것은 사랑이다. 그 사랑이 나의 육신의 움직임을 주도한다. 육신이 그 말을 들으면 그것은 아주 좋아한다. 그것이 나의 주인이다. 나의 주님이다. 그 주님을 모시고 산다. 삼위일체의 성부이시다.   2006. 9. 30.

2006년 10월

    그것은 잠을 잘 때도 나를 내려다보고, 밥을 먹을 때도 그렇고, 말을 할 때도 그렇고, 사실 나와 한시도 떨어져 있어 본 적이 없다. 그것은 나의 마음에 불을 지른다.　　　　　　　2006. 10. 1.

    무(無)이시고, 가난이신 하느님은 신문을 읽지 않은 상태, 시계를 보지 않는 마음, 테니스에 관심이 없는 상태, 돈이 없는 상태, 집이 없는 상태, 무능한 모습, 부족한 상태, 욕심이 없는 상태이시다. 가난과 겸손이신 성부이시다. 이 성부를 그대로 닮은 분이 바로 성자이시다. 내가 부엌의 쓰레기통을, 그것밖에 할 줄 모르는 무능한 상태에서 비우면 바로 성자를 낳는 것이고, 이어서 기쁨의 성령이 오신다. 성령은 성부와 성자가 합쳐져야 생긴다. 그러니 상황 상황에 따라서 성령은 늘 변화한다. 살아 있는 성령이시다.　　　2006. 10. 2.

성부에는 이미 성자성과 성령성이 잠재해 있고, 성자에는 성부성과 성령성이 잠재해 있으며, 성령에는 성부성과 성자성이 잠재해 있다.
2006. 10. 3.

성부와 성자가 있는 곳에 성령이 필연적으로 따르고, 성자와 성령이 있는 곳에 성부가 필연적으로 따르고, 성부와 성령이 있는 곳에 성자가 필연적으로 따름은 말할 나위도 없다.　　2006. 10. 4.

성자가 나의 주인인 것은 내가 없음을 깨달을 때에 이는 성자의 없음과 같기 때문이다. 나도 주님이신 그리스도를 따라서 늘 없어져야 한다. 그러면 그리스도께서 늘 나의 주인이 되신다. 그러면 성령이 활동하시고, 그 활동에 나를 맡기면 나의 의지는 사라진다. 똑같은 행위라 해도 나의 의지가 있는 경우가 있고, 없는 경우가 있다. 없는 경우로 살아야 영원에 든다. 의지를 나의 것으로 하는 것이 최대의 문제들이다.　　2006. 10. 5.

내가 하는 모든 행위에 나는 없다. 있다면 그리스도만이 있고, 성령만이 있고, 성부만이 있다.　　2006. 10. 6.

우주가 나의 것이다. 모두가 나의 것이다. 그것이 나의 주님이시고,

곧 '나'가 되어 버렸다. 과거의 나는 없다. 나는 주님과 일치하였다.
2006. 10. 7.

나는 모든 것을 주님께서 원하시기 때문에 한다. 밥을 먹어도, 잠을 자도, 길을 걸어도, 나의 의지는 없다. 나는 자유다. 나는 행복하다.
2006. 10. 8.

아무것도 걸릴 것이 없다. 아프면 아픈 대로, 슬프면 슬픈 대로, 어려우면 어려운 대로, 돈이 없으면 없는 대로, 그저 그렇게 살면 된다. 그것들을 문제 삼지 않기만 하면 된다. 그러면 그러한 문제들(?)이 있다 해도 나는 늘 선함과 통해 있어서, 그것들이 걸림돌이 되지 않는다. 그것들은 그저 지나가는 바람에 불과하다. 나는 늘 변함이 없다. 참 행복하다.
2006. 10. 9.

늘 선(善)과 통해 있기 때문에, 그 선이 소위 장애물들을 녹여 버린다. 그래서 자유롭게 선택할 수 있다. 나는 자유롭다. 나는 자유다. 나는 자유의 바닷속에서 산다.
2006. 10. 10.

하느님과 나 사이에 장애는 원래 있을 수 없다. 내가 원래 하느님이신 바다 속에서 살고 있다. 나는 빛이 통과하는 유리이다. 그러니 하느님이 나를 꿰뚫고 통과하여 나는 없다. 하느님만 있다. 그러니 하느님과 나 사이에는 장애가 있을 수 없다. 미움입니까, 칼입니까, 죽음입니까, 몸뚱어리입니까, 박해입니까, 시기입니까?

2006. 10. 11.

내가 하느님께 바라는 것이 있으면, 그 바라는 것이 장애가 된다. 그래서 아무것도 바라지 말아야 한다. 하느님과 늘 함께 하면 바라는 모든 것을 덤으로 주신다. 하느님만 섬겨라. 모두가 덤이다.

2006. 10. 12.

말하는 주체는 명확하다. 그러나 그 주체는 보이지 않는다. 그렇게 주체가 있다. 이 주체가 나의 영혼이요, 영혼은 하느님의 모상이다. 이 주체는 나의 모든 행위의 주체다. 그 주체를 관상한다. 그윽하다. 나는 그윽함이다.

2006. 10. 12.

숨어 계신 그리스도는 곧 아무도 모르는 나만이 아는 고통이다. 그러면 즉시 초월한다. 나만이 아는 나의 고통, 이것이 모든 죽음, 어두움, 굶주림, 목마름을 대표하는 고통이다. 이 고통이 곧 그리스도이다. 자기만이 아는 자기만의 슬픔, 이것이 그리스도이시다.

2006. 10. 12.

바다이신 하느님은 기쁨이시다. 평화이시다. 빛이시다. 이 기쁨과 평화와 빛을 관상하지 않을 수 없다.

2006. 10. 13.

라 베르나에서 받은 한 줄기의 빛, 지금 생각하면 그것은 프란치스코의 오상에서 나온 빛이었다. 2006. 10. 14.

인내가 모두다. 인내에서 빛을 보면 모든 덕이 솟아오른다. 법을 지킴에서 빛이 온다. 수도원에 제시간에 들어오면 빛이 온다. 가난을 견디면 빛이 온다. 다른 사람의 결점을 말하지 않으면 빛이 온다.
떠들지 않으면 빛이 온다. 손톱을 예쁘게 기르면 빛이 온다. 남을 비판하지 않으면 빛이 온다. 침묵에서 동정심의 덕도 나오고, 자애의 덕도 솟는다. 성 앞에서 인내하면 빛이 온다. 큰 빛이 온다. 모든 사람, 사건, 일 앞에서 꿈쩍도 하지 않으면 빛이 온다. 이 모든 것들이 합쳐져서 사랑이 된다. 사랑은 하느님이시다. 2006. 10. 14.

보는 나는 없다. 듣는 나는 없다. 느끼는 나는 없다. 그리스도만이 있다. 그리스도가 주인이시다. 누구에게나 그리스도가 주인이다. 그래서 만인은 평등하다. 그래서 프란치스코도 '우리'의 주님(Dominus noster)이라고 하셨다. 그러나 성부는 프란치스코에게 '나'의 하느님(Deus meus)이다. 내 안에서 그리스도를 만나면 눈이 열린다. 귀가 열린다. 그리스도가 보고 그리스도가 듣는다. 보고 듣고 느끼는 나는 없다. 2006. 10. 14.

그리스도는 죄인(↔ 결백한 이)이시다. 그리스도는 나환자이시다. 그리스도는 흉측한 사람이시다. 그리스도의 죽음은 모든 작음, 가난,

무능이시다. 그리스도는 처형당하시는 분이시다. 그리스도는 밥이시다. 그리스도는 아픔이시다. 그리스도는 보이지 않음이시다. 그리스도는 아픔을 표현하지 않으시는 분이시다. 그리스도는 상처(↔ 완치)이시다. 그리스도는 아픔이시다. 그리스도는 관여하시는 분이 아니라 침묵이요 바라봄이시다. 그리스도는 이루어지지 않음이시다. 아니 바람이 없으신 분이시다. 그리스도는 연약(↔ 건강)하신 분이시다. 그리스도는 죄요 막이시다. 그리스도는 인정받지 못하시는 분이시다. ↔ ↔ ↔ ↔ ↔ ↔ ↔ ↔ ↔ ↔ ↔ ↔ 그래서 그리스도는 부활이시다.   2006. 10. 15.

아무것도 장애가 되지 않을 때 그 순간(새 소리, 바람 소리)을 살 수 있다.
평상심이 성부다. 지나가는 일들의 즐거움이나 고통이 성자다. 이 둘이 동시적으로 일어나면 기쁨이 인다. 기쁨이 성령이다.
                                    2006. 10. 16.

포도주는 그리스도의 피요, 빵은 그리스도의 몸이요, 나의 죽음은 그리스도의 죽음이다.   2006. 10. 17.

내가 바라보는 모든 것은, 내가 없음으로 해서, 성부가 성자를 바라봄이다.
내가 듣는 모든 것은, 내가 없음으로 해서, 성부가 성자를 들음이다.

　내가 말하는 모든 것은, 내가 없음으로 해서, 성부가 성자를 말함이다.

　내가 느끼는 모든 것은, 내가 없음으로 해서, 성부가 성자를 느끼는 것이다.

　성부와 성자는 하나다. 그러므로 자신이 자신을 보고 듣고 말하고 느끼는 것이다.

2006. 10. 18.

　못난 사람, 능력 없는 사람, 못생긴 사람, 준비되어 있지 않음, 미완성, 부족함, 가난, 거지 이 모든 것을 다 포함하는 것이 죽음이다. 왜냐하면 인간은 누구나 다 살아나려고 한다. 여기에 예외적인 인간은 없다. 살려고 먹지 않는가? 간혹 어떤 이는 능력 없음을 개의치 않는 사람이 있고, 못생긴 것도 개의치 않는 사람이 있으며, 부족함이나 가난에도 초연한 사람이 있다. 그러나 죽음은 예외다. 누구나 건강하려고 한다. 죽음은 소위 결핍이라고 하는 모든 결핍을 다 포함한다. 사람들이 살려고 발버둥 칠 때에, 그리스도는 죽음의 결핍을 택했다. 그리스도는 죽음이시다. 그리스도는 고통이시다. 그리스도는 아픔이시다. 그리스도는 괴로움이시다. 그래서 부활이시다.

2006. 10. 19.

　그리스도는 게으름이시다. 그리스도는 무엇을 하기 싫어함이시다. 그래서 근면이시다.

2006. 10. 20.

그리스도는 졸리움이시다. 그래서 깨어 있음이시다.　2006. 10. 21.

　　다른 사람이 나의 공로를 부당하게 갈취하려고 할 때, 그리고 갈취해 갔을 때, 그 사람을 비난하고 원망하며 괴로워하는 것은 나의 공로로 내가 어떤 이득을 보지 못했기 때문이다. 따라서 어떤 이득을 바란다는 측면에서 갈취해 간 사람이나 나나 똑같다.
　　어떤 괴로움이든 그 어두움은 그리스도이시다. 그러므로 억울한 일이 생겨서 마음이 심히 괴로울 때, 나는 거기 그 자리에서 그 순간 그리스도와 하나가 되어 성부께 뛰어오르게 된다. 그 자리에서 순식간에 일어나는 일이다.
　　　　　　　　　　　　　　　　　　　　　　2006. 10. 21.

　　인류가 모두 울부짖고 괴로워하는 것은 덕을 몰라서 그렇다. 덕으로 문제를 해결할 줄을 몰라서 그렇다. 덕이 있으면 그 일 자체가 잘 해결된다는 뜻이 아니라, 덕이신 하느님을 만나면 그 자체로 좋아서, 일이 잘되든 잘못되든 문제가 안 된다는 뜻이다.
　　　　　　　　　　　　　　　　　　　　　　2006. 10. 22.

　　프란치스코가 언급하는 덕의 종류는 겸손, 가난, 자비, 사랑, 기쁨, 묵상, 신중, 지혜, 인내, 고요, 주님의 두려움이다.
　　모름, 바보, 생각 없음, 말 없음, 소식을 모름, 순종, 여자 없음, 숨이 딱 끊어짐, 배고픔, 어두움은 곧 밝음, 망부석, 고도를 기다리며.
　　모름(생각 없음, 소식을 모름), 기다리지 않음(망부석, 고도를 기다리며), 목적 없이 일을 함, 말 없음, 순종, 가난(여자 없음, 돈 없음), 숨이 끊어짐, 배고픔, 어두움.

모름: 지혜
기다리지 않음: 인내
목적 없이 일을 함: 겸손
말 없음: 자비
순종: 순종
가난: 돈을 밝히지 않음, 가난
숨이 끊어짐: 주님의 두려움
배고픔
어두움   2006. 10. 24.

2006년 11월

나의 모든 고통은 곧 그리스도의 고통이라서, 나의 고통은 즉시 그리스도를 통하여 하느님과 일치하는 도구가 된다. 그리하면 그리스도의 영과 하나 되어 나는 늘 그리스도의 호흡을 한다.

2006. 11. 4.

좋은 생각이든 나쁜 생각이든 그것들은 나의 의지와는 관계없이 일어나는 것들이다. 그러므로 그것들은 나의 것이 아니다. 그러므로 나로서는 그것들이 일어나는 것을 바라볼 수밖에 없는 입장이다.

그런데 그것들이 솟아 나오는 곳을 바라보다 보면 그것들의 원천을 보게 된다. 그 원천은 고요하고 거룩하고 알 수 없다. 이 고요하고 거룩한 원천에 접하면, 그 다음부터는 좋은 생각만이 떠오르고 나쁜 생각들은 절제하게 된다.

모든 행동은 생각에서부터 출발하는 것인데, 생각이 좋으니까 모든 행동을 좋은 것만 택해서 하게 된다. 자유가 일어난다.

2006. 11. 6.

나는 도무지 생각이 없는 바보다. 그것은 말이 없음이요, 새 소식을 기다리지 않는다.

고통당하는 나는 없다. 공부하는 나는 없다. 이 때에 나타나는 분이 숨어 계신 하느님이다. 고통만이 있고 공부만이 있다. 고통과 공부가 나타난 하느님이고, 저쪽의 침묵과 고요는 나타나지 않은 하느님이다. 고통과 공부가 성자이고, 저쪽이 성부이시다. 성부와 성자가 하나다. 하나일 때 기쁨이 인다. 기쁨이 성령이다. 내가 없으면 나는 늘 삼위일체와 함께 한다.

똑같은 원리로 기뻐하는 나는 없다. 기쁨만이 있다.

바람에 의해서 바람개비는 왼쪽으로도 오른쪽으로도 돈다.

그리스도의 고통으로 이 세상이 깨끗하여졌다. 왜냐하면 고통당하는 예수는 없으니, 거기에서 원천만이 흘러내리기 때문이다.

2006. 11. 6.

무슨 행동을 하든 '나'가 사라지면, 그 행위의 주체는 '그 무엇'이 되어 '그 무엇'이 주인이 된다. 곧 주님이다. 이 주님을 모시는 것이 얼마나 복된지를 모르는 것 같다. 이 주님은 영으로 다가온다. 이 영이 바로 주님의 영이고, 이 영이 나의 정신이 되었을 때, 내가 영의 정신을 소유하였다고 하는 것이다. 이 영의 정신의 반대 개념이 육의 정신이다. 육의 정신은 '나'가 있는 정신이다.

모든 십자가는 '나'만 사라지면 즉시 '주님'의 십자가가 된다. 이 주님의 십자가는 깃털처럼 가볍다. "고생하며 무거운 짐을 진 너희는 모두 나에게 오너라. 내가 너희에게 안식을 주겠다. … 정녕 내 멍에는 편하고 내 짐은 가볍다"(마태 11,28-30).

'나'가 있는 상태에서 십자가를 지면 너무 무겁다. 그리고 '나'가 있는 상태에서 나환자를 보면 역겹다. '나'가 있는 상태가 죄 중에 있는 상태다. '나'가 없으면 쓴맛이 단맛으로 변한다. 2006. 11. 7.

이 '나'는 곧 나의 "육이요, 살이요 카로(caro, 육)이다". 이 카로(caro)는 상대방의 카로(caro)에 의해서 사라지며, 상대방의 카로(caro)로 나의 카로(caro)를 죽이려고 하지 않을 때에 그것이 상처로 남게 되며, 카로(caro)를 멸하고 싶지 않아서 울음을 운다. 그러나 카로(caro)가 사라지고 선(善)이 다가와서 우는 울음이라면 좋은 울음이다. 2006. 11. 8.

이 참다운 울음을 울게 하기 위하여 하느님께서는 죽을 때까지 계속해서 십자가를 보내신다. 그러나 마지막까지 거부할 때는 그리스도께서 마지막에 울고 떠나신다. 그런데 우리 인간이 하느님께 바라는 것이란 그러한 어려움이 사라지기를 기도하는 것이니, 그 기도가 가납되겠는가? 그런 기도는 아예 하지 말아야 하고, 가장 좋지 않은 기도다. 하느님의 뜻에 완전히 반대되는 기도다.
2006. 11. 9.

다른 사람이 적나라하게 자신의 죄를 노출할 때, 나는 나의 죄를 깨닫게 된다. 그런 식으로 나의 '카로'(caro), 즉 나의 죄가 얼마나 뿌리 깊고 험악한가를 반사하여 보여 주는 것이 죄인인 그리스도의 십자가다. 죄가 없으면서도 우리의 죄성을 보여 주기 위하여 죄인이 되었다. 이를 이름하여 "우리 죄를 대신하여"라고 하는 것이다. 그러므로 나의 어두움을 확실하게 집고 넘어가야 한다. 그리고 그 죄성이 상대방의 죄성에 의해서 사라지는 원리처럼, 죄인인 그리스도의 고통이 그대로 나의 모든 육과 살과 심과 병들을 치유한다.

2006. 11. 10.

하느님으로부터 사랑을 받는다는 사실을 깨달으면 늘 행복하다. 주님을 모시고 살면, 그 주님은 늘 나를 바라보기 때문에, 그리고 그 주님이 사실은 말도 하고 느끼고 보고 듣기 때문에 나와 주님은 늘 하나다. 분리될 수가 없다. 이보다 더 큰 사랑이 있는가?

2006. 11. 11.

그것이 그대로 이것이기 때문에, 그것을 그대로 이것을 파괴하는 데에 온전히 사용할 수 있고, 그것은 부족하지도 더하지도 않다. 내가 화가 조금 났으면, 그만큼의 조그만 상대방의 살로 나의 조그만 화를 없앨 수 있고, 내가 화가 많이 났으면, 그만큼의 많은 상대방의 살로 나의 많은 화를 없앨 수 있다. 나의 살을 상대방의 살로 그대로 전복시킨다. 됫박으로 그대로 퍼 넘기는 것이다.   2006. 11. 12.

그것을 자꾸 들어야 주인으로 모시게 된다. 내면의 소리를, 성령의 소리를, 그 무엇의 소리를, 고요의 소리를, 거룩함의 소리를 자꾸 들으면 그것을 주인으로 모시게 된다. 그렇게 되면 볼 줄도 알게 된다. 무엇을 보아도 거기서 그 주인을 보게 된다.

이 보고 들음은 육신의 눈과 귀로 보고 듣는 것이 아니다. 모두들 밖의 소리에만 귀를 기울인다. 내부의 소리를 들을 수 있을 때에 외부의 소리를 가려서 들을 수 있게 된다.

주님의 아들들이며 나의 형제들인 여러분, 들으시고, "내 말을 귀담아들으십시오"(사도 2,14). 여러분 마음의 "귀를 기울이시고"(이사 55,3) 하느님의 아드님의 음성을 따르십시오. 그분의 계명을 여러분의 마음에 온전히 간직하시고, 그분의 권고를 정신을 다하여 이행하십시오. "그분은 좋으시니 찬양하고"(시편 135,1), "여러분의 행동으로 그분을 찬미하십시오"(토빗 13,6). "주님께서 여러분을 온 세상에 파견하신 것은"(토빗 13,4) 여러분이 말과 행동으로 그분의 말씀을 증거하여 모든 사람들이 "그분 외에는 전능하신 분이 아무도 없다"(토빗 13,4)는 것을 알게 하시려는 것입니다(「형제회에 보낸 편지」 5-9).

2006. 11. 13.

영원은 인내로 뚫린다. 인내는 겸손을 낳는다. 그리고 가난을 낳는다. 이 모든 것이 성체와 성혈로 나타난다. 성체와 성혈이야말로 하느님이시다. 그보다 더 하느님을 잘 나타내는 것은 없다.

2006. 11. 16.

하느님의 은총을 받을 때에 동시에 교만도 함께 들어온다. 이 점을 가장 조심해야 한다. 은총을 나의 것으로 하지 않으면 교만이 들어올 수 없으나, 그렇지 않으면 따라 들어오지 않을 수 없다.

2006. 11. 16.

움직임 없는 있음이 생명이라, 그 곳에 덕이 있었구나. 보았다, 들었다. 그 곳에 그것이 있었구나(지리산 천왕봉을 바라보며).

2006. 11. 18.

할 수 있는 만큼 나는 그대의 영혼 사정에 관하여 이야기할까 합니다. 그대가 주 하느님을 사랑하는 데에 방해되는 것이든, 또 형제들이나 다른 사람들이 그대를 때리면서까지 방해하든, 이 모든 것을 은총으로 받아들여야 합니다. 그리고 그대는 이런 것들을 원하고, 다른 것은 원하지 마십시오. 그리고 이것이 그대가 따라야 할 주 하느님의 참된 순종이요 나의 참된 순종이 됩니다. 나는 이것이야말로 참된 순종임을 확실히 알고 있기 때문입니다. 그리고 그대에게 이런 것들을 하는 이들을 사랑하십시오. 그리고 주님께서 그대에게 주시는 것이 아니면, 그들에게서 다른 것을 바라지 마십시오. 그리고 이러한 상황에서 그들을 사랑하고, 그들이 더 훌륭한 그리스도인들이었으면 하고 바라지 마십시오. 그러면 이것이 그대에게는 은수 생활보다 더 좋은 것이 될 것입니다(「어느 봉사자에게 보낸 편지」 2-8).

나에게도 지금의 나보다 더 훌륭하기를 바라지 말아야 한다. 그러면 성령이 임하여, 그 성령이 전능하신 성령이 삐뚤어진 나의 원의를 고쳐 주시고 품어 주시고 섬멸하신다. 그리하여 자유가 산다. 알코올 중독이든 도박 중독이든 섹스 중독이든 고쳐지지 않는 것이 없다. 아, 나는 살았다 하는 소리가 저절로 나올 것이다.

아니면 좀더 좋은 환경이기를 바라지도 말아야 한다. 좀더 편하기를 바라지를 말아야 한다. 이것이 참다운 순종이다. 아무것도 바라지 말아야 한다. 그러면 성령이 임하여 나를 완전한 사람이 되게 하신다.

그리스도께서 십자가에서 자신에게 아무것도 바라지 않고 있는 그대로 주어지는 상황에 따라 그저 돌아가셨다. 죽게 되면 죽는 것이다. 그리스도에 의하여 깨달음을 얻는 것이다.   2006. 11. 21.

나(ego)만 없애면 된다. 나는 생각하는 자요, 의지가 있는 자요, 느끼는 자다. 하느님은 이것들의 원천으로서 무사(無思) 무위(無爲) 무감(無感)이시다. 그러므로 따지지를 말고 생각을 말고 공부를 하려고 하지 않으면 무사이신 하느님을 만날 수 있고, 무엇을 바라는 의지가 없어야 무위이신 하느님을 만날 수 있고, 모든 감각을 닫아야 무감이신 하느님을 만날 수 있다.

그리스도처럼 따지지 않고 살면, 다가오는 어떤 묵직함이 무사이신 성령이요, 그것이 무엇이든, 즉 나의 결점이든 나쁜 습관이든 어떤 성취해야 할 일이든, 그것들을 이루고 극복하려는 의지를 버리면 다가오는 어떤 묵직함이 무위이신 성령이요, 보고 듣고 느끼고 맛을 보고 행하는 모든 것을 하지 않으면 다가오는 어떤 묵직함이 무감이신 성령이시다.   2006. 11. 21.

    다 그런 거지. 정욕이 일어날 때, 그렇게 정욕이 일어나는 것을 못마땅해 하면 안 된다. "다 그런 거지"라고 할 때, 커다란 파도 같은 존재가 순식간에 다가와서 정욕을 흔적도 없이 쓸어 간다. 식욕도 마찬가지이고, 미움도 마찬가지고, 인간적 사랑도 마찬가지다. 게으름도 마찬가지이다. 쓸어 가지 않는 것이 없다. 이 파도 같은 존재를(산 같은 존재를, 덕을) 전신으로 호흡하면 소위 육, 심, 살, 카로(caro)까지 뿌리째 뽑힌다.   2006. 11. 23.

    이 덕의 원천은 성체와 성혈이다.   2006. 11. 23.

    모든 악습이 죄다. 그 악습은 덕(선습)으로 물러간다. 깨어 있는 주님의 두려움 앞에서 악습은 얼씬도 못한다. 주님의 두려움(timor Domini)이 덕이다.   2006. 11. 25.

    에고(ego)가 있는 한, 나는 용서가 되지를 않는다. 에고(ego)를 없애서 초월자가 들어오면, 그 초월자가 용서를 한다.
    그리고 또 한 가지의 용서 방법은 그리스도께서 보여 주시는 무한한 세계, 즉 성부 앞에서 타인의 모든 잘못은 흡입되어 흔적도 없이 사라지는 것이다.   2006. 11. 26.

부부가 싸움을 하면 자녀들은 그것을 보고 자녀도 옆길로 새기가 쉽다. 그러나 둘 중의 누구 하나가 싸움 대신에 묵묵히 인내하면 자녀는 그것을 보고 성실한 생활을 택할 가능성이 높다.

2006. 11. 26.

변함없음이 하나의 축이 될 때 삼위일체의 사건이 발생한다. 내적으로도 그러하고 외적으로도 그러하다. 내적으로도 변함없음이 있으면, 즉시 신비의 삼위일체에 들게 되고, 외적으로도 변함없음이 있으면, 즉시 신비의 삼위일체에 들게 된다. 2006. 11. 26.

가난이시고 겸손이신 하느님은 없는 것처럼 있고, 있는 것처럼 없다. 블랙홀에 모든 것이 빨려 들어가듯이 나쁜 생각, 게으름 등등 모든 악습들이 무(無)이신 하느님께 빨려 들어가서 자취도 없이 사라지며 동시적으로 덕(德)이 선다. 2006. 11. 28.

있는 것, 그것이 다. 이 순간 나는 순수가 되며, 명랑해지고, 거룩해지고, 고요해지고, 그렇다. 바로 덕이 된다. 이 덕에 자유가 인다. 나는 자유다. 나는 만주 벌판을 달리는 한 필의 말이다.

사건이나 사물이나 사람이나 모두가 마찬가지다. 그것으로 다다. 그리스도 한 분으로 모든 것이 완전하다. 이것을 알아들을 때에 그리스도 안에 성부께서 내재하심을 알아들을 수 있다.

시간 안에 영원이 내재되어 있다. 이것을 알면 영원만 뽑아서 쓸

수가 있다.

    균형과 중심이 생긴다. 시간과 영원 사이에서 균형과 중심이 생긴다. 그리스도 안에서 성부를 읽으면서 중심이 생긴다. 이 중심이 성령이시다. 부동의 점(the still point)[1]이 성령이시다.

    순수와 거룩함과 명랑과 고요가 부동의 점인 성령이시다. 삼위일체의 중심은 성령이시다.   2006. 11. 29.

    성욕도 그것 하나로 완전한 다다. 이것을 깨달으면 성령을 중심으로 선다.   2006. 11. 29.

    모든 것이 그 자체로 중심이다. 왜냐하면 그것이 다고 또 동시적으로 거기에 하느님이 계시고, 그리하여 동시적으로 중심이 생기니까. 중심이 성령이다. 균형(balance)이 제일 중요하다.
                                                  2006. 11. 29.

    내가 다다. 그 순간 내가 사라진다. 그리고 사라진 그 세계로 진입한다. 초월한 세계다. 그 초월한 세계란 순수하고, 시원하고, 맑은 세계다. 순간에서 영원으로 넘어갔다.   2006. 11. 30.

---

[1] 돌아가는 자전거나 자동차의 바퀴를 보면, 바퀴의 중심축은 움직이지 않고 정지되어 있다. 움직이지 않는 이 중심점이 바로 "부동의 점"의 한 예이다.

나는 있는 그대로다. 그렇게 하나의 점이다. 그렇게 점이 되면, 그렇게 나는 순식간에 사라진다. 사라지면서 초월한 세계가 열린다. 그것은 침묵의 세계다. 이 침묵으로 자유가 선다. 침묵으로 중심이 선다. 2006. 11. 30.

성부도 숨어 있고, 성자도 숨어 있고, 성령도 숨어 있다. 숨어 있음이 변함없다. 숨어 있음이 중심이다. 삼위일체의 중심이다.
2006. 11. 30.

2006년 12월

    생각을 떠난 세계는 가볍고, 순수하고, 선하다. 이 세계만이 있고, 나는 없다. 이 세계가 나를 지배한다. 이 세계가 나의 주인이요, 주님이다. 이 세계가 이 주인이 선택을 하고, 이 몸뚱이는 그의 종이다. 그 중간에 있는 나는 없다. 있다면, 힘들고 무거운 나만이 있을 뿐이요, 썩어 없어질 나일 뿐이요, 죄를 짓지 않을 수 없는 나일 뿐이다.

    내가 없으면 이 세상의 모든 것이 선이다. 이 세상의 모든 것은 주님에게서 나왔다. 주님의 표징이다. 그래서 선택이고 지지고 할 것이 없다. 가끔 썩어 없어질 내가 나타날 수도 있다. 그러나 그 때마다 나를 없애면, 선택하고 싶은 것과 주인이 하나가 된다. 주인이 한다. 모든 것을 주인이 한다. 주인이 하지 않고, 내가 할 때 선과 악이 대립된다. 그러나 내가 빠지면 악이 사라진다. 나는 없고 주인이 다 한다. 그러니 선택에 자유롭다. 할 수도 있고 아니 할 수도 있다. 아주 자유롭다.   2006. 12. 23.

    하느님이 당신 스스로를 확인할 뿐이고, 하느님이 활동하실 뿐이고, 음식의 맛을 확인할 뿐이다.   2006. 12. 24.

나는 없다. 하느님께서 당신의 영광을 확인하실 뿐이다. 거기에는, 확인하는 거기에는, 활동하는 거기에는, 기쁨만이 있다. 삼위일체만이 있다.
2006. 12. 24.

하느님께서 사람이 되심으로써 천지가 하나가 되었다. 화해가 이루어졌다.
2006. 12. 24.

성자가 이 세상에 오셔서 천지가 그냥 하나 되었다. 땅이 하늘이니, 이전에 이미 하늘이 땅이었다. 여기에다 하느님이 인간을 사랑하셔서 성자를 보내셔서…. 어쩌구 저쩌구 하면 이미 거리가 생기기에 사랑이 아니다.

하늘과 땅이 하나 됨으로써 숨 쉬는 것이 모두 주님을 찬미할 수 있게 되었다. 하늘과 땅이 하나 되어, 내가 하늘이 되었으니, 거기에 나는 없다. 내가 낄 틈이 없다. 나는 없다. 나는 아주 보잘것없는 존재라고 하면, 그래도 거기에 보잘것없는 존재가 면적과 부피를 차지하고 있지 않은가? 그게 아니다. 아예 나는 없다. 이것이 참다운 겸손이요 가난이다. 공간과 시간이 생기면 사랑은 사라진다. 사랑이 있다 해도 그것은 일시적인 것이다.

그 사이는 말도 낄 틈이 없다. 숨이 곧 저쪽이다.
2006. 12. 24. 아침

'나'만 빠지면 하늘과 땅이 하나다. 자유가 산다. 할 수도 있고 아니 할 수도 있다. '나'가 있으면 쾌락에 빠지지 않을 수 없다.

2006. 12. 24.

2007년 1월

모든 것은 변한다. 모든 것이 변하니 걱정할 일이 없다. 뜨거운 물이 뜨거워서 마실 수 없다고 화를 낼 것인가? 뜨거운 물은 시간이 지나면 차가워진다. 그러니 뜨겁다고 화를 낼 일이 아니다. 변한다는 사실은 변하지 않는다. 이것이 영원이다. 이것을 발견해야 한다.

강물은 흐른다. 매번 다르다. 한 번도 같은 적이 없다. 그러나 강물은 변함없이 늘 흐른다. 늘 흐른다는 사실은 변하지 않는다. 이것이 영원이다.

그리스도는 변화 앞에서 묵묵하셨다. 왜? 사정은 변하는데 안달할 이유가 없지 않은가? 그래서 십자가의 고통 앞에서도 고통은 변하기 때문에 묵묵하셨다. 이 때 영원이 다가온다.

그런데 이 영원은 아무것도 아니다. 그 아무것도 아님이 성체에서 드러난다. 성체는 겸손이요 가난이다. 가난의 극치다. 겸손의 극치다.

그러니 일이 잘 풀리지 않는다고 화를 낼 것인가? 변한다. 나의 명예를 더럽혔다고 화를 낼 것인가? 더 더럽혀질 수도 있고, 명예가 회복될 수도 있다. 하여튼 변한다. 변하는 것에 연연할 필요가 있는가? 나의 돈을 가져갔다고 화를 낼 것인가? 돈이 더 생길 수도 있고,

더 쫄딱 망할 수도 있다. 하여튼 변한다. 변하는 것에 연연해야겠는가? 변하는 것은 허무하다. 변하는 것은 본질적으로 허무하다. 변하지 않는 것만이 가치가 있다.

남극을 탐험할 때 얼음 위에서 바로 여기다 하고 창을 꽂는다고 한다. 왜냐하면 아무리 걸어도 사실은 얼음장이 뒤로 가기 때문에 10km를 전진해도 사실은 5km를 뒤로 가는 것이라고 한다. 이렇게 변하는 것은 허무하다.

내가 지금 정욕이 강하다고 고민해야 할 것인가? 언젠가는 늙어서 남자 구실을 못 한다. 변하는 것에 걱정할 것이 없다. 내가 차지할 직위를 빼앗아 갔다고 울화통을 터트릴 것인가? 변하는 것에 내가 연연하지 않을 때에 영원이 다가온다. 변하는 것의 대표가 고통이다. 그래서 그리스도께서 고통 앞에서 묵묵하셨다.

잠이 다다. 노는 것이 다다. 잠을 충분히 자면 힘이 생겨서 잠이 놀이로 변하고, 놀고 놀면 피곤하여 잠을 자게 된다. 잠이 놀이요 놀이가 잠이다. 변화는 있지만, 변한다는 사실은 변하지 않는다. 그러니 잠이 다다. 노는 것이 다다. 이 때 잠을 충실히 잘 수 있고, 놀 때 충실히 놀 수 있다. 놀이 안에 영원이 숨어 있다.

내가 병이 있다. 내가 가난하다. 내가 알코올 중독이다. 이것 다 변하는 것들이다. 이 몸뚱이도 변한다. 그러니 젊다고 자랑하지 않고 늙는다고 한탄하지 않는다.

실패했다고 낙담하지 않고, 또 무엇을 꼭 성취하려고 하지 않는다. 성취하게 되면 하고 못 하게 되면 그만이다. 영원을 붙들면 지나가는 것들은 조금도 문제가 되지 않는다. 박사 학위를 받으려고 용쓰지 않고 어떤 직위를 얻으려고 애쓰지 않으며, 나는 이미 사제다.

여러분도 이미 사제다. 사제가 되려고 버둥거리지 않는다. 무엇을 얻으려고 버둥거리는 모든 이유는 아무것도 아니신 하느님을 몰라서 그렇다.

시기심도 질투심도 겸손이신 하느님을 몰라서 생기는 문제들이다. 무엇을 자랑하는 것도 마찬가지다. 이 세상 모든 일이 다 시시하다. 자랑할 것이 도무지 없다. 영원에 비하면 아무것도 아니다. 나한테서 영원을 가져가시오. 한두 번 나오고 말면 아무것도 아니다. 십 년을 다니고도 영원을 가져가지 못하면 한두 번 다녀 보고 다시 아니 오는 것과 진배없다.

성체의 신비. 성체에서 들리는 영원의 소리는 곧 사랑이다. 이 소리 없는 소리는 밀림에 울려 퍼지는 사자의 포효보다도 더 천지를 뒤흔든다. 장엄한 나이아가라 폭포보다도 더 웅장하다. 얼음 갈라지는 소리. 그 소리와 함께 길이 열린다. 소리 없는 소리.

창조의 결함을 내가 보충할 때, 창조의 완전함이 다가온다.

이 사람을 나라고 해도 좋고 내가 아니라 해도 좋다. 나라고 해도 나이고 내가 아니라고 해도 나이다. 나이고 나 아닌 사이에 나라고 할 것이 없다. 제주(帝珠)가 주렁주렁한데 누가 마니주(摩尼珠, 흐린 물을 맑게 하는 진주) 속에서 상(相)을 집착하는가. 하하.

2007. 1. 7.

변하는 것인데, 지금은 그런 거야. 그런 거지 뭐. 과정의 하나야. 변하는 과정의 하나야.

가난은 없음이요, 아무것도 아니다. 가난을 닮아서 겸손하면 침묵으로 일관하게 된다. 나도 침묵을 닮아서 침묵한다. 그러한 침묵은 사랑이다.

숨어 있는 침묵. 숨어 계신 하느님. 침묵은 바라보는 자이다. 내가 그 바라보는 자가 되면 무사 무욕 무아가 된다.

이렇게만 되면 불이 붙는다. 배에도 가슴에도 머리에도.

하느님은 계시기는 계신데 아무것도 아닌 것으로 계시다. 이것을 잘 나타내는 것이 그리스도의 십자가에서의 모습이다. 아무것도 아닌 것을 관상하여 보고 듣고 느끼게 된다.

하느님은 아무것도 아니라서, 행위가 나요 또 내가 아니기도 하다. 얼굴을 지닌 이 몸이 나요, 또 아니기도 하다. 이렇게 해서 삼위일체의 경지에 이른다.   2007. 1. 7. 아침

어떤 현상이든 현상은 반드시 변한다는 사실을 인지하지 못하면, 그 현상은 악으로 둔갑한다. 그러니 사실 악이 있는 것은 아니다. 변한다는 사실을 인지하면 모든 현상은 선이다.

"너희는 멈추고 내가 하느님임을 알아라"(시편 46,11). "그분 안에 생명이 있었으니, 그 생명은 사람들의 빛이었다"(요한 1,4).
                                                2007. 1. 7. 아침

주님은 어마어마하시다. 바로 모든 일의 주체요 주인이시다. 나는 흔적도 없이 사라진다. 이제는 모든 것을 그 주인이 한다. 말을 하고 먹고 놀고 잠자고 하는 모든 것을 내가 한다고 생각했던 그 과거의 내가 하는 것이 아니라, 어마어마한 힘을 가지신 주님이 하시는 것이다. 어마어마하신 분이 하느님이시고, 그 하느님의 아들이 예수님이시니, 바로 그 예수님이 하시는 것이다. 이렇게 과거의 내가 사라지면서 모든 일을 주님께서 하시니, 이보다 더 행복할 수 있겠는가? 2위와 1위가 하나가 되었다.

술을 먹는 것도 그 주인이 하는 것이고, 성생활을 하는 것도 그 주인이 하는 것이요, 밥을 먹는 것도 말을 하는 것도 그 어마어마한 힘을 가지신 주인이 하는 것이다. 이 주님이 하시는 것임을 깨달을 때 술과 성에서 자유로울 수 있고, 식욕과 언어를 절제할 수 있다. 드디어 자유가 선다. 죄에서 해방된다. 2007. 1. 21.

1위와 2위는 하나이지만, 그 어마어마함과 초라함에서 서로 나뉜다. 주님이 어마어마하니, 육신은 주인의 말을 듣는 종일 뿐이요, 아무것도 아니다. 서로 독립적이다. 2007. 1. 21.

2007년 3월

 면벽 3년이 무위로 돌아간다. 관상 기도가 아름다운 여자 하나로 여지없이 무너진다. 수도 생활 합네 해도 마음속으로는 늘 아름다운 여자를 못 잊어 하며, 아니면 앞으로 그러한 여인을 만나기를 마음 깊은 곳에서 희망한다.
 목욕탕에서 다섯 살 여섯 살짜리 아이들의 볼기짝을 보노라면 그 예쁜 아름다움에 절로 웃음이 나온다. 자신이 그런 아름다움을 볼기짝에 달고 다니는지 아이들은 모른다. 아이들은 모르죠? 그렇게 '모름'으로 하느님은 묵묵히 존재하신다. 아이들은 모르고 있지만, 분명히 그러한 곡선의 아름다움을 만들어서 볼기짝에 붙인 자가 그 자다. 그가 아이들의 볼기에서 묻어난다. 그 무어라고 말할 수 없는 자를 누구라고 하나? 하느님이다. 그러나 하느님은 보이지 않는다. 아이들의 '모름'이 하느님이다.
 아이들의 볼기짝만이 아니라, 아름다운 아가씨의 궁둥이에서도 침묵적 존재가 묻어난다. 궁둥이만이 아니라, 젖가슴, 다리의 각선미, 미소 등에도 똑같이 그 존재가 있다. 그러나 아가씨들은 그것을 모른다.
 반면에 남성들의 씩씩한 발걸음이나 근육 또한 마찬가지다. 임금

왕(王) 자를 배 근육으로 만들고 싶어 하는 남성들의 심리는 무엇일까? 말할 나위 없이 그렇게 해서 여성들의 시선을 끌어 보려는 것이다. 그러나 시선을 끌어 보려는 마음을 자신이 의식하고 하는 것은 아니다. 무의식에 있는 것이다. 이 무의식을 침묵적 존재라고 한다.

물론 아름답게 보이려는 여성들에게도 그 아름답게 보여서 남성들의 시선을 끌려고 하는 것이지만, 본인이 그것을 느끼는 것은 아니다. 본인이 느끼지 못하는 그것을 침묵적 존재라고 한다.

그분은 그렇게 고요로 있는 분이며, 고요로 있는 분은 성부요, 아름다움으로 나타난 분은 성자다. 우리는 아름다움을 보는 즉시 성부로 가야 한다. 이것이 아름다움에서 죽어서 부활로 넘어가는 것이다.

이성을 보면서 느끼는 가슴속의 꿈틀거림도 마찬가지다. 내가 꿈틀거리려고 해서 꿈틀거리는 것이 아니다. 그것을 내가 꿈틀거린다고 하면 그 꿈틀거림을 나의 소유로 하는 것이며, 그것을 나의 소유로 하는 자는 하느님을 만날 수 없다. 나의 소유로 하지 않으면 즉시 성부로 넘어간다.

특히 동물들의 성행위를 보고 있노라면, 침묵적 존재가 그 성행위에서 묻어난다. 그러나 그 하느님은 묵묵부답으로 침묵으로 고요로 거기에 있다. 나의 성행위나 아니면 나의 성욕 안에서도 마찬가지로 하느님이 계신다. 더 나아가서 내가 말하는 데서, 내가 먹는 데서, 내가 느끼는 데서 하느님이 계신다. 성행위의 모든 동작도 마찬가지다. 그렇게 해서 기쁘도록 만들었다. 그 기쁨도 나의 것이 아니다. 그래서 또 침묵으로 넘어간다. 이 기쁨을 나의 것으로 하기 때문에 거기서 헤어나지 못한다. 에로스(eros)에서 카리타스(caritas)로 넘어간다. 그러니 에로스(eros) 안에 카리타스(caritas)가 있다. 분리해서는 아니 된다. 나는 없다. 나는 허수아비, 구더기.

　이상은 성부와 성자를 구분할 때 할 수 있는 말이다.

　나는 없음이신 하느님을 닮아서 없다. 그 없음은 그저 없음이 아니다. 고요다.

　거미줄에 걸리기를 숨어서 바라며 인내하는 거미처럼 하느님은 아름다움 뒤에 숨어 계시다. 인형극 뒤에서 줄로 인형의 팔을 조정하는 사람처럼 하느님은 그렇게 숨어 계시다.

　그런데 이 모든 것은 순간적으로 죽으면 통째로 이루어진다. 삼위일체가 동시적이 된다.　　　　　　　　　　2007. 3. 14.

　이 세상에서 전할 것이라고는 십자가뿐이다. 십자가의 기쁨뿐이다. 나의 주위를 십자가로 정리한다. 방 청소. 번역. 그러고 나서 십자가를 찾아서 돌아다닌다. 쪽방, 걸식을 한다.

　십자가의 기쁨을 모르기 때문에 무기력증에들 빠진다. 참다운 회개는 십자가의 기쁨을 발견하고 나서다. 십자가의 기쁨은 그저 나환자처럼 환자로 사는 것이다. 그렇게 거기에 머문다. 어려움에 머문다.

　모두들 울부짖는 것은 십자가의 단맛을 몰라서다. 순수한 단맛을 몰라서다. 순수한 단맛을 알면 울음을 그칠 수 있다. 이제 기쁨만이 있다. 이 기쁨은 왔다가 가지를 않는다. 꽃길뿐이다. 벚꽃 터널을 걷는다.

　희생 중에도 좋은 것을 희생하면 더 좋아하신다. 음식이나 섹스. 이런 것을 희생하면 진수성찬을 받게 된다. 예를 하나 들면 사실 의 사라는 직업은 힘들다. 환자들 앞에서 짜증이 난다. 그러나 짜증에 그냥 머물러서 내가 괴로움이 되면 텅 빈 세계, 고요한 세계, 순수한 세계에 이르게 된다. 이렇게 초월하지 못하면 밑으로라도 통해야 하는데, 그것이 다른 사람에게 화를 내든지 짜증을 내는 것이다.

"진지 잡수세요"가 부드럽게 나간다. 모두 나를 어둡게 하는 것은 그것을 뛰어넘지 못해서다. 호(好)를 넘어야 한다.

아브라함과 이사악을 기억하는 것만으로도 재앙을 거두셨다.

아는 것이 우리를 구하지 못한다. 화려한 언사가 우리를 구하지 못한다. 십자가를 모르면 앎과 능력에 의지하지 않을 수 없다.

실패로 결말이 나야 한다. 그리스도의 실패를 알아들을 수 있어야 한다. 비전도 없다. 거기에 바로 기쁨이 있다. 공정무역(fair trade). 제3세계에서 10원 하는 것이 한국에서 5000원이다. 내가 그러니 죽을 때까지 전해야 할 일은 십자가를 전하는 일뿐이다.

기반의 틀이 없어야 한다. 안정을 거부할 때 삶이 통째로 십자가가 되어 기쁨이 된다.

십자가의 산, 장벽을 넘은 사람을 거의 못 봤다. 모두 다 울부짖고 어떻게 하면 여기서 벗어날까, 그 생각뿐이다.

군대에서 가장 행복했다. 그리고 그 다음이 쪽방이다. 그 자체로 하느님과 함께 한다. 십자가에서 흘러나오는 것은 새 생명이다.

2007. 3. 23.

종의 신분임을 깨달으면 즉시 성부와 하나가 된다.   2007. 3. 30.

2007년 4월

　십자가는 어마어마한 폭풍이다. 파도가 되어 머리 위를 넘어간다. 도저히 당해 낼 수 없는 파도가 되어 넘어간다. 이것을 알면 나는 변함없는 부동(不動)에 있게 된다. 사자 앞에서도 꿈쩍 않는다. 그렇지 않고는 육에 빠지지 않을 수 없다. 부동하여 넘어가면 육이 빛과 하나임을 알게 된다. 삼위일체를 몰라서 죄에 빠진다.
　당할 수 없음을 알아차릴 때 순종이 가능하다. 모든 욕망은 성부에게서부터 오기 때문에 도저히 당할 수 없다. 성부가 우리의 주인이다. 이를 깨달을 때 십자가를 질 수 있다. 이 주인은 빛이시다. 어두움이 빛을 이긴 적이 없다. 빛이 모든 어두움을 쓸어버린다. 어두움은 원래 없는 데다가 존재가 아니니 픽 쓰러진다.
　자꾸 거짓말을 하는 것은 자신이 어두움 자체라는 사실을 인정하고 싶지 않아서다.

　수난에 참여하면 예수님의 마음이 나의 마음이 된다. 당신 수난의 품에 나의 수난을 품어서 나의 수난을 없애기 위하여 수난을 당하셨다.
　나의 십자가로 그리스도의 십자가에 참여하여, 그윽한 세계에 들어간다. 그렇게 구원된다. 죄를 모르게 된다. 죄에서 멀어진다. 죄가 멀리멀리 사라졌다.

십자가를 아주 조금만 지면 된다. 그러면 그것으로 그리스도의 큰 십자가와 하나 되어, 그윽한 세계로 들어가게 된다. 그렇게 하여 죄에서 벗어난다.

0.1%의 십자가만 지면 99.9%의 그리스도의 십자가가 나를 채 간다. 나는 멀리멀리 하늘 높이 날게 된다. 물고기가 독수리에 채여서 하늘 높이 오름과 흡사하다. 나는 죄에서 멀리멀리 떨어진다.

그리스도께서 죄 앞에서 여지없이 나를 채 가시기 때문에 나는 죄를 지을 수가 없다. "아이, 내가 이러면 안 되는데!" 하는 십자가를 견디는 아주 미미한 나의 행위만으로도 즉시 채 가신다.

억울한 일이 있을 때, 섭섭한 일이 있을 때, 유혹 앞에 있을 때, 그 자체가 그리스도의 십자가에 참여하는 일임을 깨달아 하늘로 비상할 줄을 모르면 죄를 짓지 않을 수 없으며, 침묵도 할 수 없고 자꾸 말이 많아진다.

그리스도의 십자가의 세계란 유추해서 들어갈 수 있는 것이 아니다. 내가 지금 당하고 있는 괴로움의 세계가 그대로 그리스도의 십자가의 세계다. 나의 십자가로 그리스도와 하나 된다. 나의 십자가의 어두컴컴한 세계가 곧 그대로 그리스도의 십자가의 세계임을 깨닫는 사람은 어두움에서 풀려난다. 그리스도의 십자가의 세계가 먼저 있었으나, 그 세계는 지금 나의 십자가의 세계와 다르지 않다.

2007. 4. 4.

    죽음으로 죽음을 죽인다. 죽음으로 죽음이 죽는다.
    나의 십자가로써 카로(caro), 즉 사욕이 사라지고, 그 카로가 다시 그리스도의 십자가로 사라지면서 부활의 빛이 그 위에 비친다('죽음의 죽음'이라는 말이 십자가 현양 축일 성무일도 후렴에 등장하고, 레오 교황의 강론에도 나온다).

    낑낑대는 개, 바람 소리, 비둘기 소리, 소나무, 햇빛, 이 모두가 침묵적 존재인 성부를 전한다. 어김없이 때가 되면 목련과 모란은 핀다. 뿐만 아니라 십자가도 침묵적 존재를 전한다. 영원이신 하느님. 구원은 예수의 부활로써 이루어진다(1 베드 3,21-22 참조). 그리스도께서는 부활하심으로써 당신 성혈로 구속하신 백성들을 비추셨다.
    누가 뻔한 거짓말을 할 때 침묵하면 침묵적 존재와 하나 된다. 욕망들이 꿈틀거릴 때 침묵하면 침묵적 존재와 하나가 된다. 왼뺨을 때릴 때 오른뺨을 내놓는 침묵을 할 때 침묵적 존재와 하나가 된다.
    불교에서는 침묵적 존재를 바람 소리 등 자연만을 통해서 발견하는 데 반하여, 우리는 그리스도의 십자가와 자연을 통하여 발견한다. 그 무가 나타난 것이 자연이다. 사람이다. 옆 사람이 그리스도이시다. 내가 그리스도다.
    줄탁동시(啐啄同時). 밖에서는 계속해서 쪼는데, 안에서 두들기지 않아서 되지 않는다. 이 껍질이 카로(caro)요 홍해다.

사도들에게는 주님의 죽음이 자신들의 죽음으로 커다랗게 다가와서 카로(caro, 죽음)가 죽어서 주님과 함께 죽었다가 부활할 수 있었지만, 지금 주님의 죽음은 우리들에게 크게 다가오지를 않는다.

다른 사람들의 십자가라고 여겨지는 것들, 즉, 부부 생활, 사업 실패, 못된 시어머니, 중병, 인상이 좋지 않은 사람을 만남, 자식을 잃음, 큰 죄, 심한 모욕, 수녀원에서 쫓겨남, 학교 낙제, 아주 힘거운 일, 배신, 창녀(알려져 있음), 주홍 글씨, 페루쟈 전쟁에서의 프란치스코, 위협적인 두려움과 어두움 등등이 모두 앞을 가로막는 홍해다.

우리는 모두 결점(욕심, 명예욕, 자식의 출세, 재물욕, 성욕)을 가지고 있는 사람들로서 운명적으로 틈바귀에서 이런 환난(죽음)을 당하지 않을 수 없다. 당하면서 결점, 즉 사욕이 사라진다.

이러한 것들로 먼저 안에서 죽음이 죽어야 한다. 이런 환난을 당하여 카로(caro)가 빠져 나가서 하느님을 인식하며 살아가는 것이 좋아요, 아니면 이런 일 없이 잠복해서 편히 살다가 어두운 세계로 떨어지는 것이 좋아요?

카로(caro) 때문에 3차원에 갇힌다. 믿음은 초월적인 것이다. 믿음이 밖에서 쪼는 행위다. 성체와 성혈을 믿음으로 사라진다. 줄탁동시로 침묵적 존재가 드러나면 인식이 저절로 된다. 그리하여 기도가 제2의 천성이 된다.

결과:
1) 나는 아무것도 아니다. 그저 물이 지나가는 얼개미다. 어려서

물고기를 잡다가 가치관이 바뀌었다. 코페르니쿠스적 전환이 이루어진다.

2) "너는 별 볼 일 없는 놈이야, 형편없는 놈이야"라는 말을 들을 때, 멸시를 당할 때, 이것이 절호의 기회다. 상처로 남는다는 것은 그리스도께서 말씀하시는 진리를 몰라서 그런 거다. 심리학에서 말하듯이 "너는 가치 있는 사람이다. 훌륭하다" 하면 충돌을 피할 수 없고 그 충돌이 그러한 가치관 앞에서는 승화될 수가 없다. 심리학의 한계다. 여기에 속아서 일생을 불행하게 보낸다.

3) 벌레에서 나비가 되고, 거름, 똥이 꽃을 피운다. 이렇게 지금까지의 인식과 꿈에서 깨어난 인식이 지혜다. 인간이 존엄하기는 하다. 그러나 존엄하신 분과 하나 되어 존엄하다. 너는 별 볼 일 없는 놈이야, 아무것도 할 수 없어 하면 분노가 치솟는 것이 아니라, 나의 본질을 말하는 것이기 때문에 당연히 받아들이게 된다.

4) 그러니 나를 위해서 이렇게 해 달라, 저렇게 해 달라 해서는 안 된다. 그 불편함(죽음)이 나의 죽음을 죽인다. 그렇게 자꾸 요구가 많으면 하느님을 만나지 않겠다는 뜻이 되며, 안에서 쪼지 않는 것이다. 이해하고 알아들었다고 하는데, 현실적으로는 안 된다고 한다. 현실적으로 안 되는 말이라면 그리스도가 우리에게 거짓말을 한 것이다. 그럴 리가 없다. 행동하는 만큼 알아듣는다. 알았다 할 때는 지금까지의 가치관이 뒤바뀌어 싫었던 것이 좋아지고 좋았던 것이 싫어진다. 이것이 회개다.

5) 그렇지 않으면 여전히 원망하고 울부짖고 나한테 그럴 수가 있는가 하면서 이를 간다. 복수의 칼을 간다. 오랜 세월이 지난 지금도 생각만 하면 괴롭다는 말은 빠져나가야 할 시커먼 것이 아직도 있다는 이야기다. 아직도 괴롭다면 그것은 카로(caro, 사욕)가 괴로워하는 것이다. 카로(caro)가 없으면 괴롭지 않다. 괴로움이 카로(caro)를 없앤다.

6) 그런 어두운 죽음이 온다면 기꺼이 받아서 죽음을 없애리라. 그러니 마음에 들지 않는 사람을 찾아서 옆에 앉아야 한다. 무엇이든지 와라, 다 받겠다. 사욕이 빠져나가면서 고요해진다. 이 고요가 하느님이다. 빠져나가지 않은 상태에서 고요한 것은 원래 내가 말하는 고요가 아니라 조용함이다. 고요이신 하느님을 인식하면 자연히 관상이 된다.

7) 이렇게 해서 빨래 하나도 내 의지로 하면 아니 된다. 침묵적 존재의 힘으로 해야 한다. 모든 일을 하느님의 힘으로 하기 때문에 어려운 것이 하나도 없다. 점성적으로 모든 일을 하면 내 힘으로 하는 것이 아니다. 그 안에 하느님이 숨어 있다. 점성에 숨어 있다. 점성적으로 일을 하지 않으면 그 자체로 죄 중에 일을 하는 것이다.

8) 그리고 나는 이제부터 남의 발을 씻어 줄 수 있다. 어두움 속에 맑음이 빛 가운데에 있다.

9) 하느님을 만나면 세상을 떠나게 된다. 소유가 싫어진다. 돈을

벌려고 혈안이 된 사람은 그 사실로 하느님을 모른다는 이야기가 된다. 나는 군대에서 억울하게 실컷 얻어맞고는 세상을 떠났다. 크로아티아 학생. 나는 세상을 떠났다. 나그네 생활이다. 모든 것이 헛됨이 피부로 다가온다. 운동 경기, 박사 학위, 지위, 돈, 명예.

10) 이것도 모르고 환난 중에 하느님을 원망한다. 모든 일은 사욕을 빼내기 위한 하느님의 활동이다. 이것이 빠져나가야 쓴맛이 단맛으로 변한다. 사욕이 빠져나갔기 때문에 쓴맛이 단맛으로 변한 것이라는 사실을 모르면, 어느 시간이 지나면 다시 사욕이 들어와도 그 사욕을 내쫓을 생각을 하지 않고, 그 때는 참 기쁨이 있었는데 지금은 그 기쁨이 사라졌다고 한탄만 한다. 그러나 빠져나간 사람은 늘 기쁘고 평화롭다.

11) 그 침묵적 존재인 부활하신 하느님을 만나면 그 존재는 가난하고 겸손하고 순종적이고 깨끗하다. 거기에서 출발해서 가난해야 하고 겸손해야 하고 순종적이어야 하고 깨끗해야 하지, 그렇지 않으면 모두가 위선이다. 수도 생활과 기도 생활도 거기에서 나와야 한다. 그렇지 않으면 수도 생활 아무리 오래 해도 기도생활을 아무리 오래 해도 답답하기만 하다. 그것은 겸손이요 양보다. 그래서 그분을 만나야 겸손해지고 희생하게 되고 양보하게 된다. 그것을 만나지 않은 상태에서의 겸손과 양보와 희생은 위선이다. 만남이 있은 후에 하느님을 잊었다 하자. 겸손, 희생, 양보를 실천하면 하느님을 다시 만난다. 그러나 만남이 없는 상태에서는 아무리 겸손, 가난, 양보를 실천해도 하느님을 만나기 어렵다.

12) 시끄러운 소리를 들어야 할 사람, 어려운 일을 해야 할 사람, 길을 비켜 주어야 할 사람, 귀찮은 일을 해야 할 사람, 다른 사람을 받들기만 해야 할 사람, 탁한 목소리를 들어야 할 사람, 그것이 나의 본질(하느님)이기 때문에 그것을 해야 편안하다. 구더기에 맞는다. 구더기의 잠자리. 구더기에 맞는 대우를 받아야 본질이 실현되어 편안하다. 그러니까 굶어야 할 사람. 잡풀을 뜯어야 할 사람, 친정어머니, 시어머니, 친정아버지 모두를 간호해야 할 사람. 이혼 후에 다시 받아들일 때 죽음이 죽음으로 죽음을 죽여 편안하다.

13) 침묵적 존재인 하느님을 만나야 하느님과 비슷해진다. 물이 커피를 만나면 커피가 되고 물이 된장을 만나면 된장이 되듯이.

이제 마지막으로 육신의 죽음이 나의 죽기 싫어하는 죽음을 마지막으로 죽인다. 그러니 육신적 죽음이 기다려진다.   2007. 4. 22.

그리스도를 통한 하느님의 사랑

완전한 섭렵은 악이 악을 쳐서 이긴다. 이것은 내가 그대로 그리스도처럼 십자가를 져야 가능하다. 자식이 죽는다. 이사악을 바쳐라. 그리스도처럼 죽어라? 왜?

수사님은 좋은 집안에서 부모님의 사랑을 듬뿍 받고 자랐고, 지금도 많고 걱정거리가 없는 사람이니까 그렇게 말한다. 보통 밖의 사회 사람들은 그렇지가 못하다. 자기를 째려봤다고 싸우다가 경찰

서까지 끌려온다.

아무리 좋은 집안에서 부모의 사랑을 듬뿍 받았어도 사랑은 여전히 부족하다.

"네 마음을 내게 다오".

빵과 포도주를 자신의 몸이라고 하는 예수님의 마음.

병이 나았다고 하는 예수님의 마음.

죄가 사해졌다고 말하는 예수님의 마음. 이것을 믿으면 예수님의 자비스러운 마음이 내게 들어온다. 이것을 하느님의 사랑이 들어왔다, 하느님은 사랑이시다라고 말하는 것이다. 그리스도께서 사랑으로 십자가에 달리셨으니, 그 사랑을 느끼는 자 똑같은 방식으로 사랑을 전달한다. 말로만 아니라 행동으로 전한다.

중병, 자식 사망, 수녀원에서 쫓겨남, 아주 힘겨운 업무, 전쟁 등을 어떻게 알아들어야 하는가? 이것이 해결이 안 되면 사랑도 헛되다. 이것들로 나의 사욕이 나의 죽음이 완전히 섬멸된다. 뿌리째 완전히 뽑힌다.

그리스도께서는 성체 성혈과 십자가에서 하느님의 사랑을 전하여 모든 어두움을 없애실 뿐만 아니라, 그 뿌리까지 뽑으시려 한다. 단순히 사랑을 전달하는 것만으로 끝나는 것이 아니라, 악을 완전히 쳐 이기고 그 뿌리까지 뽑아서 카리타스(caritas)의 불타는 사랑을 전해 주려는 것이다.

[악(惡)이 사람을 치지만 악(惡)의 최대 약점은 사람을 치면서 자신도 여지없이 죽는다는 사실이다. 나의 내면의 악 때문에 악을 저질렀지만, 결과적으로 저지른 악이 나의 내면의 악을 친다. 그렇게 해서 천국에 들게 한다. 나는, 악에게 한번 크게 당하고 나서, 엄청나게 고요하고 거룩한 세계에서 노닐게 되었다. 다시는 악을 저지르지 않는다. 이것을 회개라 한다. 그리스도도 십자가에서 크게 당하시고 나서 세상을 구하고 천국에 드셨다.]

"죽음은 그분이 취하신 육신을 통해서 주님을 죽였습니다. 그러나 주님 역시 같은 무기로써 죽음을 정복하셨습니다. 죽음은 주님을 죽였지만 죽음 자신도 역시 멸망하고 말았습니다"(부활 3주 금요일, 독서기도).

모든 고통이 나를 고요로 이끈다. 모든 고통이 나를 고요로 이끈다.

2007. 4. 27.

군대에서 얻어맞고 고요를 체험하였다.
이태리 역전에서 어느 여인이 모욕을 당하는 것을 보고 고요를 체험하였다.
그리스도의 십자가로 고요를 체험하였다.
지혜가 있는 사람은 악으로부터 크게 한번 당하지 않고도, 그리스도의 십자가를 깨달아서 천국에 들어간다. 그러나 보통 사람은 악에게 크게 당해야 그것을 통해서 천국에 든다. 이런 경우도 드물고 오히려 악에게 크게 당하면 원망하고 울부짖고 난리를 쳐서, 천국에

들 수 있는 좋은 기회를 날려 버린다. 피나는 고통을 주어도 주어도 너는 너를 아직도 정화하지 못하였느냐? 목욕을 하고 나면 개운한 것처럼 고통을 당하고 나면 온몸이 개운하다.

　이것이 안 되는 사람이 그리스도의 십자가가 나를 구했다고 말하는 것은 거짓이다.
　절망도, 큰 책임감도 나를 어둡게 하는 악이다. 이 악에게 당해야 한다.

　어쩌다가 한번 체험을 한 고요, 그렇게 고요해진 이유가 그 죽음이 나의 죽음을 죽여서 그렇다는 것을 깨달으면, 아주 작은 어려움(고통이라고까지 할 수 없는)도 나를 고요에 들게 한다.

　그래서 그 죽음을 나의 죽음에 살그머니 대야 한다. 그러니 우선은 욱 하고 올라오는 죽음을 의식해야 한다. 그러고 나서 그 의식된 죽음에다가 그 죽음을 갖다 대면 그 의식된 죽음이 파괴되는 것을 확연히 느끼게 되며 평화가 뒤따른다. 그래서 어려움이 있을 때마다 갖다 댄다. 그러면 세포까지 나른하게 평화가 온다.

2007. 4. 27. 밤

　편안한 고급 자동차를 타는 것은 참으로 안락하다. 흐름에 나를 맡기는 것은 차 위에 나를 싣는 것과 같다. 내 힘으로 사는 것은 너무 힘들다. 손가락 하나 까딱하는 것조차 힘들다. 다음에 무엇을 하게 될지 모른다. 강물로 말하면 다음에 강물이 어느 돌에 부딪칠지 모른다. 그 흐름은 영원하다. 그 흐름이 영원이다. 그 흐름은 보이지 않는다. 흐름과 영원은 하나다. 2007. 4. 26.

지금은 타이프를 치고, 다음은 운동을 하고 다음은 좀 쉬고 다음은 친구를 만나고 이렇게 인생은 흘러간다. 나는 그 흐르는 인생 위에 떠밀려 다닌다. 물 위에 떠다니는 나뭇가지가 나다. 나뭇가지가 나다. 물이 하느님이다. 그 물은 보이지 않는다.

(한국에서와는 달리 유럽에서만 볼 수 있는 풍경 중의 하나는 수백 마리의 양들이 들판에서 풀을 뜯는 정경이리라. 하늘을 바라보는 양은 거의 한 마리도 눈에 띄지 않는다. 모두가 머리를 땅에 처박고 끊임없이 풀만을 뜯는다. 이와 비슷하게 우리 범인들도 거의 모두가 땅에만 골몰한다. 그 이유는 말할 나위 없이 행복하기 위해서다. 그러나 참 행복을 위해서라면, 이제 좀 한숨을 돌려, 드넓은 창공의 하늘을 바라보아야 하지 않을까?)

2007년 5월

회개 생활의 입구

사랑이 오면 사욕이 물러난다. 어두움이 빛을 이겨 본 적이 없다. 1) 그리스도의 죽음으로 그리스도의 마음이 올 때 카로(caro)가 사라진다. 2) 우리를 초주검에까지 이르게 하는 환난으로 십자가에 참여할 때 카로(caro)가 물러간다. 완전히 망했다. 아무 희망이 없다. 남은 일이라고는 죽는 일뿐이다. 어두움에 완전히 정복을 당했다. 숨도 쉴 수 없다. 칠흑 같은 어두움이 나의 목숨을 끊었다. 그냥 그 죽음 밑에 깔려 있기만 하면 된다. 아무 생각도 하지 말고. 물론 나오려고 하지도 말고. 깔려 죽는 거다. 깔려 죽는 데서 오는 고요한 무아는 사라지지 않는다. 죽음이 다시 덮쳐도 덮치나 마나다. 걸리는 것이 없어서 휙 지나갈 수밖에 없다. 3) 성체(빵)가 되고자 하는 그리스도의 마음이 올 때. 4) 창으로 뚫어야 한다. 이것이 마지막 협조다.

어두움(싫은 사람이 잘되어 갈 때 싫어하는 마음, 자신을 과시하고 싶은 마음, 인정받고 싶어 하는 마음) 속으로 파고들면, 정욕 속으로 들어가면, 십자가 밑에 들어가서 십자가를 지신 그리스도와 하나 되어, 프란치스코처럼 큰 건물을 어깨로 떠받치는 느낌이 든다.

어두움을 받는 것으로는 부족하고 이처럼 그 밑으로 들어가야 힘이 느껴지고 그 다음에 평화가 느껴진다.

내 속에 쌓인 것들을 통해서(보고 듣고 느껴서 마음속에 쌓인 것들) 하느님께 가야 한다. 심리 상담은 도움이 많이 되지만 인간적인 범위 안에서 해결하려 든다. 적당히 표현을 하라는 것이다. 하느님을 제시하지 못한다. 예를 들면 누가 싫고 미워진다. 미움을 상대방이 상처를 받지 않는 한도 내에서 표현해야 한다고 한다. 그러나 프란치스칸 영성에서는 다르다. 미움에 머물러야 한다. 미움 안으로 침투하여 들어가야 한다. 이것이 살 길이다. 더러운 구더기에 머물러야 한다. 그러면 침묵의 세계에 들게 된다.

그러다 보면 나의 모든 행위를 멀리서 간격을 두고 바라보게 된다. 밥 먹는 것, TV 보는 것 등등 다 먹게끔 되어 있어서 먹는 것이고 보게끔 되어 있어서 보는 것이다. 그것들을 보는 주체적인 나는 없다. 먹는 주체적인 나는 없다. 나는 허수아비다. 그 주체는 주님이다. 죄는 그런 것들을 나의 것으로 삼기 때문에 생기는 것이라는 사실을 깨닫게 된다. 회개란 이런 것들을 나의 것으로 하지 않음으로써 성부와 하나가 되는 것이다.

그러한 슬픈 운명을 타고난 나와 성부가 하나 되면 슬프기도 하고 기쁘기도 하다. 그리고 나의 모든 죄가 사해짐을 느끼게 된다. 어두움(地)과 밝음(天)이 하나가 된다. 성자와 성부는 한 번도 떨어져 있어 본 적이 없다. 나중에는 어두움이 그냥 밝음이 된다.

코끼리의 죽음. 까치의 죽음. 하이에나의 합동 공격. 사자들의 합동 공격. 들개의 합동 공격. 짐승 한 마리의 죽음이나 귀뚜라미의 죽음조차도 내 안에 있는 죽음을 죽여 나를 자비롭게 만든다. 한 인간의 죽음은 말할 것도 없다. 아주 가난한 집 아들이 군에 징집되어 전사한다(은도, 태수). 애처롭게 만든다. 애처롭다는 뜻은 내 안에 죽음이 죽었다는 뜻이다. 죽음이 죽지 않으면 "죽으면 죽은 거지 뭐" 한다. 그리스도는 죽음을 도구로 우리를 구원하신다. 죽음으로 우리의 죽음을 죽여 애처롭고 쓸쓸하게 만든다. 목숨을 담보로 하는 데는 더 이상 할 말이 없다. 위에서 말한 나의 모든 침묵은 그리스도의 죽음 속으로 수렴된다. 그리스도의 죽음으로 몰린다. 몰려든다. 불나비가 불빛으로 몰려들듯이.

나의 모든 침묵이 그리스도의 십자가를 조금 받쳐 드리고 조금 협조해 드리는 것이다. 나의 죽음들을 바라보는 것이 협조해 드리는 것이다. 나의 사욕들을 바라보는 것이 협조해 드리는 것이다.

심한 타격이나 모욕을 받았을 때 반응하는 나의 모습에서 사욕의 정체가 드러난다. 이것을 바라보아야 한다. 이 사욕은 비참하기 그지없는 벌레도 아닌 구더기이다. 벌레도 아닌 구더기인 나를 보기 싫지만, 그것이 너무 처참하여 바라보지 않을 수 없다. 그것이 나의 본질이다. 이 본질에서 출발해야 한다. 이 바라보는 행위를 수스티네레(sustinere, 침묵)라 한다. 여기서 침묵의 세계로 들어가게 된다. 구더기를 더럽다고 비단 이불에 누여서 재우면 죽는다. 돼지는 돼지우리에서 살아야 한다. 그래야 본질이 실현되고 꽃이 핀다. 거지 왕자 이야기. 맞는 옷을 입어야 하지 않겠는가?

사욕을 바라보면서 출발했기 때문에 사욕이 없어지면서 침묵의 세계로 들게 된다. 사욕을 놔둔 상태에서 다른 곳에서 출발을 하면 사욕은 늘 잠복하여 따라다닌다. 반드시 나의 본질인 사욕에서 출발해야 한다. 이 카로(caro)의 본질을 프란치스코는 벌레도 못 되는 구더기라고 하였다. 일반적으로 피정이나 기도 모임이라는 것은 주변을 고요하게 만들고 마음을 안정시키고 좋은 경치에 좋은 음악 충분한 휴식이나 등산 등이 주종을 이룬다. 그러나 이것은 나의 사욕을 더 깊이 잠복시키는 효과만 가져온다. 오히려 그 보다는 이 사욕을 노출시켜서 나는 멸시받을 존재임을 깨달아야 한다. 멸시받을 만한 존재 정도가 아니라, 그 자리에서 멸시를 받아야 한다. 그러니 가장 좋은 피정 장소는 나의 집이다. 지지고 볶고 사는 나의 집이 피정의 집이다.

이렇게 해서 침묵의 세계에 들면(첫 번째 사랑보다도 두 번째의 환난을 통해서 뚫고 지나가서 사랑을 만나면 회개 생활로 들어가게 된다) 모든 어두움이 텅 빈 침묵의 세계로 몰린다. 어두움 끝에 밝음이 있다. 그 다음부터는 어두움이 와도 피하지 않는다. 어두움이 그냥 밝음이 된다.

그리스도라는 중심은 텅 빈 중심이다. 그리스도는 십자가를 거부하지 않은, 부활을 거부하지 않은 텅 빔이시다. 이 텅 빔이 축이 된다. 이것을 축으로 하여 어두움과 밝음이 교체되어 돌아간다. 어두움이 밝음으로 밝음이 어둠으로 변한다는 사실은 변하지 않는다. 이것이 영원이다. 이 텅 빔이 식욕이 일면 식욕이 다가 되고 오욕이 일면 오욕이 다가 된다. 어떤 일로 슬픔이나 괴로움이 일면 슬픔이나 괴로움이 되어 버린다. 이 텅 빈 세계는 이쪽으로도 저쪽으로도 기울 수 있기 때문에 아무것도 아니다. 가난이다. 어두움 쪽을 'sum idiota'라고 한다. 벌레도 아닌 구더기라고 하는 것은 어두움 쪽의 나를 일컫는 것이다. 그쪽에 서는 것이다. 나는 유명 대학교를 나왔다,

나는 직업이 고위 직업이다 등등은 밝은 쪽에만 서려는 것이다. 나한테 참 잘해 주셨어. 친절히 대해 주셔서 참 좋았어. 이런 것들만 기억하고, 나한테 잘해 주나 못해 주나에만 신경을 쓴다.

 섞여 있으면서도 물과 기름이 확연히 구분되듯이, 슬픔과 기쁨이 섞여 있을 때 고요이신 무이신 공이신 하느님이 확연히 드러난다. 존재로서 드러난다(본질로서 드러날 때 이를 깨달았다고 하는 것이다). 성부와 성자의 관계 안에서 성부가 드러나야지, 그렇게 된 다음에 단독으로 드러나도 드러난 성부이어야지, 그렇지 않고 성자와 무관하게 드러난 성부는 생각에서 나온 성부이기 때문에 피해야 한다. 성령도 마찬가지다. 성자와 성부의 만남에서 나오는 성령이어야지 단독의 성령은 배격해야 한다. 성자와의 관계 안에서 성부를 만나면 그렇게 기쁠 수가 없다. 이 기쁨이 성령이다. 이것을 프란치스코의 그리스도 중심주의라고 한다. 중심이 없을 때(주관이 없을 때) 큰 중심이 생긴다. "이렇게 해서 우리가 그리스도께서 아버지 안에서 지니신, 같은 생명으로 살게 된다는 것입니다".

 그리스도의 죽음은 내 안에 있는 모든 죽음을 쓸어 간다. 그리고 그 이상의 강력한 힘을 쏟다(당신은 힘이 세시나이다). 십자가를 바라보면 사랑만이 아니라, 그리고 나의 모든 죽음을 없앨 뿐 아니라, 강한 힘까지 받는다. 그 힘은 나의 죽음을 죽인다. 강한 힘이 내려오고, 그 다음에 고요가 흘러들어 온다. 여명이다. 울음은 슬픔의 표현이다. 나와 같은 이러한 인간과 같이 살아야 한다는 사실이 슬프다. 슬픈 운명이다. 슬픈 운명임을 느끼는 그것은 여러분과 여러분 안에서 접촉했을 때도 똑같이 슬프다. 이 세상 어떤 사람과도 그 사람과 같이 살아야 하는 그는 참으로 슬프다. 그 슬픔이 바로 그리스도의 십자가다. 사랑은 슬프기도 하고 기쁘기도 하다. 이 세상은 깨끗해졌다. 마치 나와 함께 사는 그것 때문에 내가 지금 깨끗해진 것처럼. 존재와 하나 되어 붙어 있을 때 사랑이 인다. 존재가 사랑이다. 평화, 기쁨, 고요의 존재가 붙어 있다. 전 인류를 사랑하게 된다. 만민을 사랑하게 된다. 인류의 죄를 나의 것으로 하지 않기 때문에 인류의 죄가 깨끗해졌다. 하나 되었을 때 자연스럽게 나타나는 것이 울음과 슬픔이요, 이것이 곧 십자가다. 그러므로 십자가란 인류에 대한 사랑이요, 곧 그 십자가로 인류의 죄가 없어졌다는 것을 알 수 있다. 나의 죄와 인류의 죄가 없어지면서 평화로워졌다. 호흡이 고요하고 편안해졌다.

하느님의 존재적 모습에서 본질적 모습으로 옮겨 가는데, 그 본질적 모습은 토성의 몸체와 흡사하다. 이렇게 고울 수가 있을까? 성 프란치스코도: 당신은 힘이 세시나이다(Tu es fortis 'fortitudo'). 자석이 당기는 힘이다. 당신은 고요이시나이다(Tu es quietas). 이 때에 프란치스코와 내가 하나가 된다. 너무 기쁘다. 옳은 길로 들어섰구나 싶다. 이 맛을 보고 이 세상에서 다른 무엇을 구할 것인가? 이 맛이 생명이다. 그리스도와 이 부활의 생명을 공유하게 되니 이제는 그리스도와 내가 하나가 되었다. 그 맛은 자비요 사랑이요….

성소란 하느님께 대한 갈망이 있고, 하느님을 만나지 못하게 하는 나의 문제가 무엇인가를 파악할 줄 알아야 하며, 그 문제를 해결하는 중요한 열쇠가 무엇이며, 그 무엇이 제시되었을 때 머리로만 이해하지 않는 것이 성소다.

그리스도를 믿어 사랑을 만나면, 이 사랑이 좋고 사욕이 없어지면서, 자연스럽게 침묵의 세계가 열려서, 그 침묵의 세계에서 흘러나온 회개 생활을 하게 된다. 이 회개 생활로 들어가기까지가 힘들다. 방황 끝에 입구를 발견한 것이다. 그래서 클라라 성녀는 다음과 같이 말씀하셨다.

「클라라 규칙」 6,1:

> 지극히 높으신 하늘의 성부께서는 당신 은총을 통해서 지극히 복되신 우리 사부 성 프란치스코의 모범과 가르침으로 회개 생활을 하도록 황송하옵게도 나의 마음을 비추어 주셨습니다. 그리고 사부님이 회심하고 조금 지난 후 나는 자원하여 나의 자매들과 함께 그분에게 순종을 약속했습니다.

이 침묵의 세계에서 나온 회개 생활(sustinere)이어야지, 그렇지 않으면 침묵(sustinere)은 불가능하다. 그리고 한다고 하더라도 반짝 효과만 있기에, 하다 말다 하다 말다를 반복하게 된다.

대부분의 신심 단체들이 믿음에서 오는 사랑, 사랑에서 오는 침묵, 그리고 침묵에서 나오는 회개 생활을 말하지 않고, 직접 단식을 말하기 때문에, 실제로 그리스도의 문으로 들어온 그리스도의 양이 되지 못한다.

믿음에서 오는 침묵의 세계에 들기 전까지는 절대로 이런 것들을 하면 안 된다. 이단적이 되기 때문이다. 자신이 이단인 줄도 모른다. 똑같은 단식이라도 그리스도교적이 되기도 하고 이단적이 되기도 한다.

TV를 보지 않을 때 즉시 침묵의 세계로 들게 되고, 나의 말을 경청하지 않는 사람들과 성령 세미나인들, 마음에 들지 않는 사람이

나 현상 앞에서 침묵하면 즉시 침묵의 세계에 들게 된다. 침묵(sustinere) 하나를 몰라서 넘어가고 흔들리는 것이다.

침묵(sustinere)이 살 길이다(sustninere를 논문에서 추려서 발표한다). 침묵이란 유혹 앞에서 묵직한 거부 반응을 보이는 것이다. 텅 빈 세계란 꿈쩍도 하지 않는 침묵의 세계다. 농담 앞에서 심한 거부 반응을 보인다. 알아주지 않는 사람 앞에서도 묵직한 거부 반응을 보인다. 성. 미지근한 사람 앞에서. 말씀의 가치를 모르는 사람 앞에서. 생활이 좋지 않은 사람들 앞에서. TV 앞에서.

침묵의 세계와 한번 연결되었던 사람은 침묵의 세계와 연결이 되지 않은 상태에서 침묵을 해도 침묵만 하면 침묵의 세계가 열린다.

나를 초주검이 되게 하는 고통이 나를 정화한다. 엄청난 고통 후에 천지가 고요하다. 지금도 고요하다. 앞으로도 고요하다. 그리스도의 십자가의 고통으로 천지가 고요하다. 목욕을 하고 나면 개운한 것처럼 어떤 종류의 고통이나 어려움이든 그것을 당하고 나면 개운하고 고요하다. 고요가 하느님이다. 고통은 이렇듯이 늘 하느님을 가져다준다.

외부로부터 오는 고통과 어둠이든, 내부로부터 오는 고통과 어두움이든 그 고통과 어두움이 나의 고통과 어두움을 섬멸하듯이, 그리스도의 고통의 십자가와 성체와 성혈이 나의 고통과 어두움을 섬멸한다.

그러니 음(陰)은 좋은 것이다. 죽음은 좋은 것이다. 고통과 어려움은 좋은 것이다. 상대방의 약속 불이행, 약속 시간을 지키지 않음. 부부 생활. 사업 실패, 못된 시어머니, 중병, 인상이 좋지 않은 사람을 만남, 자식을 잃음, 큰 죄, 심한 모욕, 수녀원에서 쫓겨남, 학교 낙제, 아주 힘겨운 일, 배신, 창녀(알려져 있음), 주홍 글씨, 페루쟈 전쟁에서의 프란치스코, 위협적인 두려움과 어두움 등등이 모두 앞을 가로막는 홍해다. 이 모든 고통이 그것으로 나를 구한다. 모든 고통이. 어떤 고통이든. 그러니 고통을 피할 것인가?

그러면서도 부활만을 좋아한다. 죽음 없는 부활은 있을 수 없고, 죽은 만큼 부활한다는 말을 모르는 성직자나 교우는 아무도 없다. 그러면서도 실제로는 죽음을 싫어한다. 진정으로 죽음을 좋아할 줄 알면 이것이야말로 참다운 시작이다.

현실적으로 안 된다고 하는 사람은 아직 출발도 못한 사람이다.

내 뜻이 상대방에게 관철되도록 하려고 하지 않는다. 그래 주었으면 하고 바라지 않는다. 모든 것을 손에서 놓는다. 아무 일도 하지 않는다는 뜻이 아니다. 흘러가도록 둔다는 뜻이다.

성부의 드러나려 하지 않음이 성자의 십자가를 통해서 드러났다.

사랑의 세계

빵이 되고자 하시는 하느님의 사랑. 참외가 되고자 하시는 하느님의 사랑(꿋꿋하다, 변함없다). 먹잇감이 되고자 하시는 하느님의 그 사랑이 나를 거룩하게 만든다(홍순모의 예를 든다). 그 묵묵히 있음과 사랑은 떨어질 수가 없다. 그 묵묵히 있음의 내용이 사랑이다. 빵으로 묵묵히 있음이 사랑이다. 그 사랑이 하느님 존재의 본질이다. 예수님이 주시는 평화는 당신의 살과 피를 내어 주시는 예수님 바로 자신이다. 성체 성사 안에서 늘 주님이 남겨 주신 평화를 인사하고 나눈다. 충분히 죽을 때 완성된다.

그 장애를 일으키는 죽음에 이르는 병(키르케고르에 의하면)은 불안, 두려움이다.

그 사랑과 평화를 어떻게 이루셨나? 삶을 강물의 흐름에 맡김. 성부의 뜻에 맡김. 그런데 자꾸자꾸 걸리는 것이 있음: 1) 가족을 떠남, 2) 재물과 명예를 떠남, 3) 세상을 떠남, 4) 죽음을 떠남.

죽음의 껍질. 나신이 되는 평화로 옷의 껍질을 베들레헴에서 벗기셨다. 수도원 울타리의 껍질. 물질에 의지하는 껍질. TV에 의지하고 오락과 소일거리에 의지하는 껍질. 이 모든 껍질을 마지막 살과 피를 내어 주시는 평화로 벗기신다.

나는 그냥 그런 사람으로 모든 것은 나의 운명의 강물이다. 다른 사람들에게 아픈 상처를 준 것도 '나'라는 인간의 운명의 강물의 한 줄기일 뿐이다. 나의 운명 앞에 홀연히 나타나는 것이 있으니, 평화, 선, 변함없는 고요가 확연하다. 그것이 나와 하나가 되니 거기에서 자비가 일고 나의 모든 죄가 용서된다. 탕자가 아버지의 집에 들어 온 것이다. 호흡 안에 하느님의 사랑이 있어서 호흡이 나를 만날 때도 스파크가 일어난다. "나는 있는 나다"(I am who I am. 가난과 사랑. 존재와 본질. 있음. 텅 비어 있음).

그러므로 나의 삶에 의지가 죽는 텅 빔으로 하느님을 닮을 때 사랑이 인다. 나의 운명 앞에서 텅 비어야 참다운 사랑과 자비가 스파크처럼 일어나 현실화되어 새 생명에 이른다. 사랑이신 하느님과 접촉하려면 가엾은 나의 삶을 바라보기만 하면 된다.

그런데 방해하는 것들이 나타난다. 욕망들이다. 호흡 안에, 성욕과 식욕 등 모든 욕망 안에 있는 커다란 의지가 무의지의 의지다.

텅 빈 세계

속이 뒤집힌다는 수사님의 진지한 질문. 옆에도 앉아 보고 죽어 지내 보기도 하고, 꼬리를 내리기도 하나 해결이 되지는 않는다고 한다. 완전히 그것에 덮쳐서 깔려 죽어야 한다. 그 어둠에서 나오려고 하지 않아야 해결된다. 은총이 온다. 가미가제가 항공모함의 굴뚝으로 들어가듯이 죽어야 한다.

얌체 짓, 갈등, 섭섭함, 몰이해 앞에서 사람들은 기도를 하나, 이 기도는 흙탕물을 가라앉히는 것에 불과하다. 비슷한 상황에 부딪히면 이 흙탕물은 또 일어난다. 있는 그대로 시커멓게 구더기로 사는 것이다. 이것을 소위 받아들인다고 하는 것이다. 그럴 때 은총이 온다. 좋은 음악을 듣고 좋은 경치를 감상하는 것은 카로(caro)를, 사욕을 잠복시키는 것이다. 흙탕물을 잠시 가라앉히는 것일 뿐이다. 고통 앞에서 굴할 때 나의 의지가 죽는다. 굴하지 않으려고 하면 옛 생활로 돌아가는 짓이다.

고통스러운 소외감은 나의 의지를 죽인다. 고통 앞에서 굴할 때 나의 의지가 죽는다. 내가 죽는다 함은 나의 의지가 죽는다는 뜻일 것이다. 초주검이 된 이후 다시 살아나려고 하면 아니 된다. 죽은 상태에서 세상을 바라보고 살아야 한다. 이것이 회개 생활이다. 에이즈 환자와 봉래동 회장의 화재 사건. 죽음을 계속하는 사람을 거의 찾아볼 수 없다. 환경은 나를 죽음으로 몰고, 나는 살아나려고 하기 때문에 우울증이나 정신병이 생긴다. 대개 죽지 않으려고 하고 죽은 후에 다시 살아나려고 발버둥 친다.

「1 첼라노」 29:

> 같은 시기에 한 착한 형제가 입회하자 형제들의 숫자는 8명으로 증가하였다. 그 때 복되신 프란치스코는 모든 형제들을 자기에게 불러 모아 그들에게 하늘 나라와 세상의 질시에 대하여 그리고 스스로의 의지를 포기하는 것과 육신을 굴복시키는 일에 대하여 여러 가지를 이야기하였다. 그리고 그는 형제들을 둘씩 짝지어 세상에 내보냈다.

죽으면 의지가 없고 생각이 없으며 좋고 나쁜 것이 없다. 정박아의 자녀를 둔 어머니들은 살고 싶지 않고 이 세상에 좋은 것이 없다고 한다. 하느님을 만나기 직전이다. 대개가 즐거운 것들을 쫓다가 죽음을 맞이하게 되고, 나쁜 것 맞이하지 않으려다가 더 나쁜 죽음을 맞이한다. 이 때라도 받아들이면 된다.

의지만 버리면 순식간에 텅 빈 세계에 들고, 의지가 있으면 순식간에 구더기 같은 악취 나는 내가 된다. 텅 빈 세계와 나로 꽉 찬 세계가 비교되어야만 구더기의 악취 나는 지겨움이 나에게 다가와서 의지를 버리게 되지, 그렇지 않으면 악취 나는 지겨움을 지겨움으로 느끼지 못한다. 텅 빈 세계의 신선함도 좋음도 모르며 살게 된다.

나의 의지가 없는 곳에는 늘 텅 빈 세계가 있다. 이 텅 빈 세계가 축이다. 이 텅 빈 세계에서 새 생명이 태어난다. 나는 아무렇지도 않다. 꿈쩍도 않는다. 꿈쩍도 않는 하얀 종이. 덕이다. 어두움과 밝음을 뛰어넘은 새 생명이다. 그리스도다. 홍순모. 이것이 길이요 진리요 생명이다. 사욕은 의지와 함께 한다. 의지 없이 행동함에 늘 관심을 갖고, 주체 없는 행동의 신비에 든다.

호흡은 나의 의지로 하는 것이 아니다. 밥도 나의 의지로 먹는 것이 아니다. 잠도 나의 의지로 자는 것이 아니다. 심장의 맥박도 피의 순환도 나의 의지가 아니다. 죽음도 나의 의지로 죽는 것이 아니다. 미사도 나의 의지로 하는 것이 아니다. 행선도 나의 의지로 하는 것이 아니다. 동반 등산도 나의 의지로 하는 것이 아니다.

지금 내가 나의 의지와 관계없이 하는 것은 호흡이다. 그러니 모든 것을 잊고 놓고 두려워 말고 숨만 쉰다. 하느님은 지금도 호흡 안에 이렇게 살아 있다. 지금 하느님의 생명으로 살아 있으면서도 그것을 모르고 있다.

밥 먹는 무의지, 호흡하는 무의지, 그 무의지가 가장 큰 의지다. 나의 의지와 관계없이 일어나는 성욕은 가장 큰 의지다. 하느님의 의지다. 나의 의지로 그것을 대항하는 것이 가능한가? 성욕 안에 계신 하느님.   2007. 5. 9.

나의 의지를 나의 것으로 하지 않을 때 그것이 바로 큰 의지임을 깨닫게 된다. 이 큰 의지 앞에서 지성도 작용을 멈추어 생각을 하지 않게 된다. 소위 말해서 지성과 의지가 하나로 일치한다. 그러면 기뻐서 감성의 다른 작용도 멈춘다. 이 세상에 좋은 것도 없고 싫은 것도 없다. 지성과 의지와 감성이 하나 된다. 그러나 각각 작용할 때도 있다. 이것이 삼위일체다.   2007. 5. 9. 오후

입구

1. 찰나 관상: 점이나 순간에서 출발
   장점: 들어가기가 쉽다.
   단점: 어려운 모욕이나 화를 넘지 못함. 큰 기쁨은 없다.

2. 구더기 관상: 구더기 같은 나에서 출발
   장점: 울화를 잘 넘음. 비단결 같은 기쁨이 인다.
   단점: 들어가기가 쉽지 않음

3. 흐름 관상: 나의 삶의 흐름을 관상
   장점: 전기 스파크 같은 기쁨이 인다.
   단점: 이것은 하나의 깨달음이기 때문에 들어가기가 가장 어려움

4. 의지 관상: 나의 모든 의지(성취 의지, 행동 의지, 생의 의지)를 포기하고, 포기한 다음에 따라오는 것을 관상
   장점: 생을 포기한 자의 의견이나, 생각, 말, 태도 및 행위는 깊은 침묵에서 흘러나오고, 더 깊게 파서 그 안에서 새 생명이 다시 움튼다.
   단점: 일상적인 생활 습관과 너무 다르기 때문에 쉽지 않지만, 한번 들어가기만 하면 깊이 침잠할 수 있다.
   * 들어가기만 하면 그 기쁨은 그리스도의 죽음과 부활이 보증한다.

5. 생각 관상: 생각을 멈추는 데서 오는 것을 관상

6. 감각 관상: 기쁘고 즐겁고 슬픔을 바라보고, 그 바라보는 자가 된다.

7. 그리스도 관상: 그리스도의 한 죽음이 얽히고설킨 모든 복잡한 어두움을 일순간에 날려 보낸다. 그리고 그 자리에 새 생명이 일어난다. 그리스도의 죽음으로 우리는 회개에 접어든다. 그리고 나는 그리스도를 본받아 영원히 침묵 안에 산다. "나 죽는다. 나 모두 포기한다" 그러면 너는 산다. 그래서 그리스도는 평화요, 그리스도와 하나가 되어야 한다.

상대방의 모든 것을 다 받아들인 분이 그리스도다. 나의 추함도 다 받아들이신 분이 그리스도다. 받아들여진 나를 행복하게 바라본다. 다 받아들여진 것을 경험한 사람은 다른 사람의 모든 것을 받아들인다. 누구와도 침묵 안에서 소통한다. 그 사람의 아픈 과거는 그 사람의 단점에 숨어 있다.

그러므로 상대방의 단점을 받아들이는 나의 죽음은 또한 그리스도의 죽음이기도 하다. 나를 악평 앞에서 처참하고 부끄러운 죽음을 거부하는 일은 복을 피하는 것이다.

생을 거부한 다음에(죽은 후에) 희생이라야 희생의 맛이 난다. 그래야 보람을 느낀다. 종교란 참담하게 죽기 위한 것이다. 사욕은 생을 포기하는 죽음이 있을 때 사라진다. 살아 보려고 발버둥 치면서 용기와 힘을 주소서 주소서 하면 사욕도 같이 산다. 용기와 힘은 죽은 다음에 참 용기와 참 힘이 솟는다. 희망이 완전히 사라지면 그 자리에서 영혼이 제 모습을 나타낸다.

　숨어서 나를 괴롭히던 것이 드러나면, 그것은 슬피 운다. 이제 발 붙일 곳이 없기 때문이다. 그것이 행동으로 옮기려 할 때 침묵하면 슬피 운다. 이것을 알면서도 행동으로 옮겼을 때 진정으로 후회하게 되고, 이 후회를 회개라 한다. 슬피 우는 그것에다가 십자가를 대면, 순식간에 그것은 사라지고 찬란한 천국과 직통한다. 원수를 외나무 다리에서 만나듯이 울고 있던 그것이 그리스도의 십자가를 만나면 "나는 죽었다" 하고 폭삭 꺼진다. 그리스도의 십자가는 마치 독수리가 뱀을 찢어발기듯이 찢어발긴다. 사자가 먹이를 물었다 하면 놓지 않고 흔들듯이 흔들어 목을 끊는다.

　생을 포기해야 할 만큼의 위기를 거의 대부분의 신자들이 체험한다. 육신적이든 정신적이든 죽음 직전까지 간다. 이 때 죽으면 하느님을 만나나, 여기에 저항하고 원망하면 정신적 질환이나 육신적 질환을 초래하게 된다. 살고 싶지 않고 하고 싶은 것 없고 원하는 것도 없고, 모든 것을 저쪽의 움직임에 내맡길 때 주님께서 나타나신다. 그리하여 지금이 숨 쉬는 지금이 저쪽 주님의 움직임을 깨닫게 되어 무아에 이른다. 숨 쉬는 것, 움직임 하나하나가 모두 저쪽의 현상이니, 이것이 다다. 다른 것을 바랄 것이 없고, 추구할 것이 도대체 없다. 바라고 추구한다는 사실이 사실은 병이다. 저쪽의 현상화가 지금이다.

　생을 포기하는 생을 유지하려는 어두움이 되는 것인데, 그 어두움이 되어 그 어두움이 사라진 후에도 마지막 어두움이 또 있다. 이 마지막 어두움이 되어서 이 어두움을 없애야 한다. 이 마지막 어두움이란 지금까지 생애에서 나온 찌꺼기들이 쌓인 것이다.

스포츠 신문을 읽지 않는 것은, 원하는 것을 실행하지 않음으로써 원함을 죽이는 것이다. 이것이 실천이다. 2007. 5. 13.

질료와 형상의 일치를 보여 주는 것이 그리스도의 십자가다.

그리스도의 십자가의 죽음이 나의 왜곡된 죽음을 죽인다. 십자가는 나는 없다는 하느님의 말씀이다. 내가 없으니 왜곡된 나도 없다. 내가 없음을 깨달으면 왜곡은 순식간에 사라진다.

종이배

1) 나에게 물음과 질책이 없는 자는 타인에게도 그러하여 하나에 이른다. 대일(大一)에 이른다.

부족한 사람을 받아 주고, 어려운 상황에 있는 사람을 받아 주고 도와주는 거기에 하느님이 있다. 하나이신 하느님이시다.

누가 마음에 들지 않을 때, 그를 마음에 들지 않아 하는 것이 마음에 있다. 바로 그것을 알아차려 죽이면, 죽을 때 죽을 것이 없어서 편안하기도 하고 크나큰 자비에 이른다.

자기 분열(나는 왜 이럴까?)은 목적 없음, 의지 없음이 해결하는 것이지 자신을 칭찬하는 심리적 차원의 말로는 어림도 없다. "나는 왜 이럴까?"에는 지성적 반성과 의지적 반성이 혼합되어 있다. 따라서 목적 없는 행위, 의지 없는 행위만이 이 질문을 하지 않게 만든다. 이 때에 자기 일치가 일어난다. 자기와 하나가 된다. 목적을 성취하는 것이 목적이 아니다. 과정으로 족하다. 과정에서 내가 변한다. 변함이 목적이어야 한다. 그러므로 무목적이어야 한다.

　이 자기 일치는 곧 다른 이에게 "저 사람은 왜 저럴까?" 하는 질문을 하지 않게 만듦으로써 타인과의 일치가 일어난다.

　자기 분열의 두 번째 해결책은 나의 부족함과 늘 함께 하시는 주님과 함께 한다면, 자신에게는 물론 타인에게도 그런 질문을 할 수 없는 것이고, 나와 그의 부족함은 하느님의 자비의 은총의 빛으로 치유된다. 주님께서 고쳐 주신다.

　첫째는 묻지 않고 묻는 그것을 없앨 때 그냥 하나가 된다. 나에게 묻지를 않으면 그냥 하나가 되어 산다. 내가 없어진다. 무아에 이른다. 대자유에 이른다.　　　　　　　　　　　　2007. 5. 20.

　이렇게 그리고 저렇게 숲 속에, 새 소리에, 기도하는 우리에 하느님이 계시다. 그 숲은 그 새 소리는 그 기도하는 우리는 나를 순수하고 깨끗하게 한다.

　2) 빵을 사 줄 때 자아가 없이 신비(행위는 있고 주체가 없는 상태) 안에서 사 줄 때, 누룩 없는 빵이 되어 빵을 사 주는 것이다. 자아가 있는 상태에서 빵을 사 주는 것은 아직도 하느님과 거리가 있다는 증거다.

　자아가 없는 상태가 극치의 겸손이다. 그러니 나도 자아만 없애면 성체가 되는 것이고 그리스도가 되는 것이다.

자아가 없는 가난, 그리고 그것이 행위로 나타난 것이 겸손이다. 언제 어디서나 늘 나를 없앨 수 있다. 말을 할 때도, 밥을 먹을 때도, 그리고 놀 때도. 언제 어디서나 자아 없이 있을 수 있다.

2007. 5. 24.

현재를 살려면 현재를 살지 못하게 하는 마음속에 숨어 있는 어두움을 없애야 한다. 그러면 어떤 행위를 할 때에도 자아 없이 행동할 수 있다. 소변을 볼 때 소변을 보는 것이 다가 되어, 소변을 보면서도 하느님을 찬미하게 된다. 빨래를 널면서도 하느님을 찬미하게 된다.

지성과 의지를 죽이면, 먼저 침묵적 어두움이 다가오나, 차츰 그것이 신선함으로 변한다.

2007. 5. 25.

2007년 6월

사랑
선습(덕) ↗
선 ↗
악 ↘
악습(악덕) ↘
증오

   성 프란치스코는 덕을 말 할 때는 늘 악습과 함께 언급한다(글에서 찾는다).
   덕은 물건을 발견하는 것처럼 발견하는 것이다. 그런 다음에 이 덕이란 선이 쌓인 것임을 알아차리게 된다.
   덕의 집이 그렇게 좋다. 그 덕만 있으면 어떤 유혹도 물리친다. 이 덕이 없어서 모두들 신음한다. 전 인류가 신음한다.
   잠이 오지 않는 이유는 덕을 몰라서 그렇다. 잠 못 이루는 나에게 덕이 나를 없애 주러 온다. 잠을 재우러 온다. 덕이 없어서 불안하다. 불안은 덕으로 치유된다. 하늘은 검고, 그 하늘 밑에 전깃불이 달려 있고, 그 곳에 동양의 한 노인이 있다.

종이배(성자, 나)와 시냇물(성부, 하느님)과 재미(바람, 돌, 가파른 물줄기, 기우뚱거림)가 하나다. 삼위일체다. 종이배를 강조해서 표현하면 성자를 중심으로 삼위일체를 표현하는 것이고, 시냇물을 강조해서 표현하면 성부를 중심으로 삼위일체를 표현하는 것이고, 기우뚱거림을 강조해서 표현하면 성령을 중심으로 삼위일체를 표현하는 것이다.

덕은 일종의 고요한 참음이다. 「참기쁨」 마지막에 등장하는 프란치스코의 핵심이다. 「덕들에게 바치는 인사」도 그의 핵심 사상이다. 덕은 하느님이기 때문에 덕에 인사를 하는 것이다. 새 번역에는 덕행을 덕으로 바꾸었다. 덕 안에서 참아야지 그렇지 않고 참으면 병이 된다. 참는 것이 힘이 드니까 적당히 화를 내라고 한다. 그러면 하느님은 없다.

어떤 문제가 있을 때 그 문제가 나에게 문제로 다가오는 것은 덕(德)이 없어서 그렇다. 그래서 문제가 있을 때는 덕(德)을 얻으려고 해야지 그 문제를 해결하려고 해서는 평생 그 모양 그 꼴이 된다. 덕이 있으면 모든 문제들이 덕 안에서 녹아 버린다. 문제가 문제가 되지를 않는다. 관상은 덕을 관상하는 것이다.

만물에서 보이는 것은 덕뿐이다. 덕을 발견하면 펄쩍펄쩍 뛴다.

문(文): 꼼짝하지 않고 방에서 공부만 한다.
무(武): 운동을 포악하게 한다. 내가 덕수(德水) 이 씨라서 그렇다. 정중동 동중정(靜中動 動中靜)이 삼위일체의 경지다.

묵묵한 왕소나무의 바람 소리를 들으면서 컸다. 어린 시절의 그 때는 하느님이 묵묵히 덕으로 나를 보호하고 있는지를 몰랐다. 감나무, 호두나무 위에서 살았다. 꿋꿋한 덕 위에서 살았었다. 그것이 덕인지 몰랐다. 그런데 지금은 덕 위에서 뛰어놀고 있다.

2007. 6. 1.

성체 성사

질료와 형상(본질과 형상, 존재와 본질, 성체 성사)

a) 사랑은 그 사람이 되는 것이다. 부족한 그 사람이 되는 것이다. '왜 저 사람은 저럴까'가 아니다. 정신병자 같은 그 사람이 되는 것이다. 그러면 아무래도 그 사람을 돕게 된다. 나와 함께 해 주는 병장. 땅 팔 때, 그리고 풀 벨 때. 눈물겹도록 고마웠다. 단순히 도움을 받았기에 고마운 것이 아니다. 땅을 팔 줄 모르고 풀을 벨 줄 몰라서 절절매는 나와 함께 해 주어서 고마운 것이다. 그리스도가 나와 똑같은 사람이 되셨다. 내가 되셨다. 이 복잡하고 고통으로 뒤범벅이 되어 있는 내가 되었다. 그것은 사랑이다.

빵은 나의 살이 된다. 음식은 나의 살과 피가 된다. 모든 음식과 모든 음료는 그리스도께서 자기 자신이 되어 우리의 몸과 피가 되어 자신과 하나이고자 하신다. 그 그리스도의 애절한 마음이 우리의 마음이 되어, 모든 음식이 그리스도임을 알아들으면 새 생명이 마음에서 돋아난다. 그래서 생명의 빵이다. 이 세상의 모든 물은 그리스도의 피를 상징.

b) 지렁이 하나의 죽음도, 새 한 마리의 주검도 나를 침묵하게 만들고 내 안의 어두움을 몰아낸다. 고요의 세계로 이끈다. 누구의 죽음도 마찬가지다. 그래서 의도적으로 그리스도께서는 자신의 죽음을 이용하신다. 하느님을 그대로 가져다주신다. 자신이 인류를 위하여 선택하는 그 의지를 사랑이라고 한다. 보통 사람들의 죽음과는 큰 차이가 있다. 순교가 그리스도의 죽음을 그대로 보여 주는 것이라서 프란치스코는 순교 못 해서 안달했다.

c) 죽음으로 내가 고요한 세계로 들었다 함은 그 죽음으로 내 안의 죽음, 곧 사욕(caro)이 죽어서 그렇다. 자신은 의식하지 못하지만 내 안의 나쁜 것이 죽음에 의해서 없어져서 그렇다. 그러한 체험을 한 사람이라면 생활에서도 에고(ego)가 죽어야 할 것이다. '나는 먹히는 빵이다'라고 하는 것은 나는 카로(caro)가 죽었다는 뜻이 될 것이다. 사욕이 죽은 상태다.

상대방의 이러한 희생은 나를 살린다. 친구들과의 싸움에서 내가 지면 상대방이 아주 좋아한다. 상대방이 산다. 상대방을 살리려면 내가 죽어야 한다. 내가 양보하면 아주 좋아한다. 흐뭇한 사랑이다.

어려움을 택하고 즐거움을 포기하도록 하느님께 기도하여, 어려운 쪽에서 하느님을 만나는 것이 아니라, 어려움 앞에 있든 즐거움 앞에 있든 에고(ego)만 사라지면 거기에 하느님이 계시다.

그런데 에고(ego)를 없앤다 함은 지성 쪽에서는 나의 부족함을 '묻지 않음'이며, 의지 쪽에서는 '미완성의 완성'에 도달함을 말한다. 나를 없앤다? 지성에서 묻지 않음에서 한 단계 더 올라가서, 내 안에서 물으려고 하는 것을 없앤다. 따지려고 하는 놈을 없앤다. 그렇지 않고는 자꾸 따지려고 든다.

의지에서는 이루려고 하지 않음에서 한 단계 더 올려, 지금 하는 행위를 나의 것으로 하지 않는 것이다. 그러면 즉시 하느님과 하나가 된다. 무어라 말할 수 없는 분과 하나가 된다.

감성에서는 슬픔과 기쁨을 나의 것으로 하지 않으면 된다. 슬프면 슬픈 것이고 기쁘면 기쁜 것이다. 싫으면 싫은 것이고 좋으면 좋은 것이다. 이 때에 싫고 좋음 너머로 넘어가게 된다. 싫고 좋은 것이 없어지는 그 너머로 넘어가게 된다. 그것이 하느님이다. 육감적 유혹이 느껴질 때 그것을 나의 것으로 하지 않으면 그저 그런 거다. 이 때에 침묵적 하느님이 나타난다. 그리고 그 유혹을 느끼는 놈은 저만큼 도망간다.

d) 어느 수녀님으로부터 인디언이 쓰던 화살촉의 징표를 받아서 늘 간직하게 되었다. 나와 함께 있고 싶어 하는 그 수녀님의 마음이다. 화살촉을 볼 때마다 그 수녀님의 마음이 내게 온다. 성체는 우리와 늘 함께 있고 싶어 하는 그리스도의 마음. 사랑이다. 이 사랑이 와야 한다.

e) 그대로 믿으면 이 세상이 그대로 천국이 된다. 어마어마한 천국이다.

f) 불쌍한 우리만 구원하는 것이 아니고, 식물로 된 빵이 됨으로써 불쌍한 광물들 식물들과 자연을 구원하였다. 그리하여 우주가 우리와 하나 되어 합창을 한다. 사랑을 찬미를 한다.

c)번을 더 확대해서 설명을 가하면:

① 나는 그냥 떡이 쟁반에 놓여 있듯이, 그저 지금 이 자리에 아무 생각 없이 있을 뿐이다. 그러면 떡이 쟁반을 느낀다. 그렇지 않고 떡이 이 생각 저 생각 이 걱정 저 걱정하면 쟁반을 느낄 수 있는가? 마찬가지로 내가 모든 계획을 버리고 그저 지금 일밖에 모르면 쟁반을, 변함없으신 하느님을 느낀다. 종이배와 물결 이야기와 같은 이야기다.

② 누룩이란 이 생각 저 생각, 이 걱정 저 걱정이다. 꼼짝하지 말고(생각이나 걱정을 하지 말고) 그대로 있으면 큰 물줄기를 느낀다. 이분이 성부이시다. '있음'이다. '있음'을 우주라고 하는 것이다.

③ 흔들리는 놈이 있다. 흔들리는 놈이 내 안에 있다. 그것이 흔들리지 않도록 꼼짝 않는 것이 죽는 것이다. 예수님의 십자가를 보라. 못에 박히어 꼼짝을 못 하고 계시다. 꼼짝하지 말라는 말씀이 아니겠는가? 여기서 하느님을 만나고 그리고 초월한다. 초월적인 하느님에 이른다. 상대방이 마음에 들지 않을 때, 그것을 나의 것으로 하지 않고 꼼짝하지 않으면 침묵이 나타난다. 침묵이신 성부가 나타난다. 이 침묵이 가슴 속의 싫어함을 죽여 버린다. 그러면 평화에 든다.
그렇게 되면 '나'가 사라지면서 그 순간 누구도 부인할 수 없는 성부를 만나게 되어, 그 만나는 순간 나는 성체가 된다.

④ 하여튼 언제 어디서나 에고[ego, 근심, 걱정을 안 하면 그 주인인 에고(ego)]도 사라진다)만 사라지면 나의 의지 없는 의지로 행

위를 함으로써 말을 해도 거기에, 잠을 자도 거기에 밥을 먹어도 그렇게 거기에서 하느님과 함께 한다. '지금, 여기'에 이렇게 그렇게 계시다. 그렇게 있기만 하면 그것이 기도다. 기도를 잘 하려고 하는 것도 에고(ego)다.

⑤ 에고(ego)가 사라지면 다 끝났다. 다 이루어졌다. 이제는 죽는 날만 기다린다. 남은 여생은 편안하다. 뭐를 이루어야 한다고 생각하는 사람은 이루어질 가능성이 없을 때 실망하고 자살한다. 살아서 뭐 하느냐고. 그러나 이루지도 않고 모든 것을 이룬 사람은 고요한 여생을 고요를 관상하면서 여생을 보낸다. 노후 대책 중에서 관상 기도만한 것이 없다. 이 고요가 덕이다. 과정이 곧 완성이다.

⑥ 나의 모든 의지와 지성과 감성을 나의 것으로만 하지 않으면, 생각과 말과 행위와 기쁨과 슬픔에서 늘 하느님과 함께 한다. 내 것으로 하지 않으면, 그저 그런 거지 하게 된다. 그러면 침묵이 생긴다. 이 침묵으로 넘어가야 한다.

⑦ 개신교에서는 모든 것을 하느님께서 하신다고 한다. 그렇게 되면 죄도 나의 탓이 아니다. 반면에 천주교에서는 모든 것을 내가 한다고 한다. 선행도 악행도 다 내가 하는 것이다. 그러므로 나에게 책임도 따른다. 죄를 행했으면 그 책임도 따른다.

어떻게 하면 자유 의지를 올바로 사용하여 늘 선을 택할 것인가? 여기서 프란치스코가 화려하게 등장한다. 나의 의지와 지성과 감성을 나의 것으로만 하지 않으면, 나의 의지에 하느님이 함께 하여 나의 행위를 하느님께서 하시는 것이고, 지성도 마찬가지요 감성의 기쁨과 슬픔도 같은 논리이다. 호흡도 하느님이 하는 것이요, 말도, 행동도 하느님이 하시는 것임을 깨닫게 된다. 언제나 '있음'과 내가 하나다. 기쁘다. 지금 여기에서 하느님과 함께 한다. 하느님이 주인이 된다. 주어가 된다. 이런 식으로 지금 여기에서 하느님과 함께 할 줄을 모르기 때문에 늘 어두움이 있고, 또 어떻게 하면 하느님을 만날까 하고 여기저기 기웃거린다. 그리고는 "갈증, 갈증" 하면서 괴로워하는 반복적 생활을 거듭한다.

⑧ 우리의 끊이지 않는 고통은 의지를 나의 것으로 하는 데서 오는 것이다. 꼼짝하지 않을 줄을 모른다. 아무리 좋은 일도 의지를 나의 것으로 하고 하면 힘들다. 내가 지금 내가 없는 상태에서 어떤 일을 하면, 그것이 바로 의로운 것이고(하느님의 것을 나의 것으로 취하지 않았으니까), 그들은 땅을 차지하고 영원히 살리라(시편 37,11 참조). 대자유를 누린다. "그러나 끝까지 견디어 내는 이는 구원을 받을 것이다. 이 하늘 나라의 복음이 온 세상에 선포되어 모든 민족들이 그것을 듣게 될 터인데, 그 때에야 끝이 올 것이다"(마태 24,13-14). "세상은 지나가고 세상의 욕망도 지나갑니다. 그러나 하느님의 뜻을 실천하는 사람은 영원히 남습니다"(1요한 2,17).

아담과 하와처럼 자기의 의지를 자기의 것으로 하면 범죄와 폭력, 성매매, 알코올 중독, 컴퓨터 게임에 빠지지 않을 수 없다.

이렇게 하느님의 질서에 나를 맞추어 하느님에 의하여 질서 지워진 삶을 살려고 하지를 않고 나의 뜻을 하느님이 이루어 주시도록 하려는 것이 보통 사람들의 삶이다. 둘 중에 하나를 택해야 한다.

⑨ "너 어디에 있느냐?". 나는 사욕이 없어졌으니, 나는 있다면 유리로 있다. 그래서 슬프면 그저 슬프면 된다. 기쁘면 그냥 기쁘면 된다. 그것이 다다. 그러니 의지도 그것으로 다다. 이것을 프란치스코는 바로 의지를 나의 것으로 하지 않는다고 한다. 나는 이렇게 있는 지금으로 족하다. 나는 완전한 자유다. 이렇게 나타났다. 태양도 하느님이 그렇게 나타났다(「태양 노래」 4. Signification 참조). 현시다. 나는 그분의 현시다. 태양도 꽃도 바위도 모든 자연이 현시다. 그래서 한 형제다.

⑩ 밝아 오는 여명처럼 나는 빛이다. 있는 자 그로다. 생각하고 행동하고 웃고 먹고 하는 인간의 행위는 하나의 별이다. 나는 하나의 천체다. 내가 사라지면서 우주가 다가와서 내가 되었다. 에고(ego)가 사라지면서 커다란 원형의 내가 다가온다. 어둠의 장막이 완전히 걷혔다.

⑪ 영원한 직관의 완전한 광명(perfecta claritas visionis aeternae)이다. 밤의 어둠은 흔적조차 없다. 새벽의 원래의 자리는 밝음이다. 대자유다. 어두움에서 완전히 빠져나왔다. 나는 순수요 거룩함이다. 괴로움과 어둠은 내가 나인지를 몰라서 그런 거다. 장막에 싸여서 괴로움이 있는 것이다. 장막만 걷히면 그 자체로 맑고 어여쁘다. 완전한 나, 그렇게 완전한 나. 나만 없으면 나는 둥글고 완전하다. 그것은 사랑이다. 나는 둥글고 완전하다.

⑫ 에고(ego)가 사라질 때 다가오는 그 무엇의 말을 듣고 행할 때,

그 무엇을 주님으로 모시고 사는 것이다. "주님, 저는 압니다. 사람은 제 길의 주인이 아니라는 사실을"(예레 10,23). 그 나의 주님은 다른 사람의 주님과 동일하다. 그래서 우리는 주님 안에서 하나다. 에고(ego)만 사라지면 나는 순식간에 공동체를 이루게 되고, 우주와 하나가 된다. 상대방과 하나가 된다. 천국이 된다. 태양과도 하나가 된다. 그리하여 형제가 된다.

⑬ 종이배의 흐름은 누구에게나 있다. 그 흐름은 묵묵히 흐른다. 그 묵묵함이 침묵이다. 이 묵묵함과 생활을 같이 해야 한다. 해저 생활을 해야 한다.

카로(caro)가 선의 길을 방해하고 악의 길로 유도하지만 그 대표적인 것이 걱정과 우울증인 듯하다. 걱정은 아직 일어나지 않은 일에 대한 집착이고 우울증은 이미 일어난 일에 대한 집착이다. 애착할 필요가 없다는 것을 안다. 이 앎이 하느님이다. 관상해야 한다. 애착하고 있는 나를 내가 바라본다. 바라봄이 하느님이다. 관상해야 한다.

⑭ 너는 얼마큼 들었고 얼마큼 보았고 얼마큼 느꼈느냐? 나는 다 들었고 다 보았고 다 느꼈다. 하느님이 주인으로서 듣고 보고 느껴야 다 보고 듣고 느낀 것이 된다(생각과 근심이 도둑질해 간다).

⑮ 내가 그대로 그것이다. 나의 의지는 하느님의 의지다. 나의 자유다. 내 마음대로다. 그냥 그대로 있기만 하면 즉시 존재, 있음, 침묵, 바라봄, 앎, 우주 등과 하나 된다. 이렇게 꼼짝 않는 것을 현재,

순간에 머문다고 하는 것이다. 그것이 일치의 만나는 점이다. 이 점을 통해서 하느님을 만나는 것인데, 어디서 하느님을 찾으려고 떠났다면 찾아질까? 방황은 이제 시작되었다.

⑯ 생활을 위한 움직임을 나의 것으로 하지 않으니, 물 위에서 물 속으로 들게 되었다. 그것을 관조하니, 내가 만물을 보는 것이 아니라 하느님께서 만물을 통하여 당신을 보시고, 내가 말을 하면 실은 당신이 말하는 것을 듣고 계심을 알게 되었다. 이러한 모든 행위가 소위 프란치스코가 말하는 '돌려드림'(reddere)이다(『신비가 프란치스코』, 170쪽 참조). 바닷속은 사랑이었다. 여기까지는 최소한 가야 한다.

3) 질료와 형상: 형상과 질료는 하나다. 형상에서 질료로 들어갈 수 있고, 질료에서 형상으로 들어갈 수 있다. 그리스도의 형상에서 질료인 성부로 들어갈 수 있다. 형상만을 내세우는 권위는 무너져야 한다. 형상에 집착하여 세상사에만 골몰하는 것은 달은 안 보고 손가락에만 집착하는 것이다. 지지고 볶으며 사는 생활의 현장이 도장이다. 왜냐하면 형상에만 집착해서 살고 있는 나를 바라볼 수 있고, 그럼으로써 나를 비우면서 본질로 들어갈 수 있기 때문이다. 우리 안에 계신 본질의 하느님을 보면 하느님 안에서 우리는 모두 평등함을 알게 되고 따라서 갈등과 대립과 열등의식이 구름 걷히듯이 사라진다.

숨어 계신 하느님은 본질과 형상이 동시에 하나이신 분이시다. 그러니 거기에서 기쁨이신 성령이 인다.   2007. 6. 4.

덕은 밖으로 정성으로 나타난다. 덕은 밖으로 여유로 나타난다. 배려로 나타난다. 하느님은 정성이요 여유이며 배려다. 이 때 관상을 하여 하느님께 완전히 넘어가야 한다. 그렇지 않으면 정성이나 여유나 배려를 생활의 방편으로만 사용하여 이 세상에만 머물고, 덕을 이 세상살이로만 이용하는 것이 된다. 그 순간 덕은 술수나 도구로 전락한다.

지금 그것밖에 모르니 그럴 수밖에 없다. 그리고 기분 나빠하는 나는 없다. 그냥 그런 거다. 기분 나쁜 것을 나의 것으로 하지 않으면 된다.

나는 먼지요 티끌이다. 구더기다. 먼지는 있는 듯 없다. 누가 괴롭혀도 괴롭지가 않다.

나는 점이다. 나는 먼지다. 나는 없다. 나는 유리다. 나는 아무것도 아니다. 나는 나환자다. 이전의 나는 없어지고, 이제 점에서 하느님과 하나 된 내가 들어섰다.

회개 생활

회개 생활이란 자신의 죄나 죄성 앞에서 가장 올바른 태도의 생활로서, 죄인으로 살아가는 생활을 뜻한다. 그러니 당연히 허드렛일을 해야 할 사람이요, 좋은 음식을 먹지 말아야 할 사람이요, 놀이를 할 수 없는 사람이요, 무시를 받아서 마땅한 사람이요, 고개를 들 수 없는 사람이요, 떠들고 웃을 자격이 없는 사람이요, 대우를 받을 사람이 못 되는 사람으로 살아갈 수밖에 없다. 이 회개 생활이 기초가 되어 다른 삶을 살아야지, 회개 생활 없는 신앙 생활은 사상누각(砂上樓閣)이다. 나는 완전히 이 세상을 하직한다.

나는 벌레도 못 되는 구더기로 그렇게 산다. 그렇게 그 위에 누워 있는다. 그것이 나의 본질이니, 그 본질이 실현되려면 구더기로 머무는 것이 다. 호흡이 편안하다. 2007. 6. 12.

환난은 텅 빈 공간 안에서 이루어진다. 환난은 텅 빈 공간을 느끼게 한다. 텅 빈 공간은 사랑이다. 그 안으로 들어가기만 하면 된다. 텅 빈 속으로 들어가자. 그 안에 나의 참 모습이 있다.
2007. 6. 12.

나를 감싸고 있는 텅 빈 공간 우주가 호흡한다. 에고(ego)가 없어지면 즉시 나타나는 공간의 공동체가 호흡한다. 에고(ego)가 공동체 안으로 사라져야 건강한 사람이 된다. 혼자서 어떤 방법을 이용하여 에고(ego)를 없애면 사람이 이상해지기 시작한다.

내가 환난을 겪을 때, 거기에 우주적 사랑의 텅 빈 공간이 있다.
2007. 6. 13.

바라보는 데에 그리고 말하는 데에도 에고(ego)가 있으면 안 된다. 마지막 한 점까지 가야 하는데, 여기가 마지막이다.

꽃이나 구름, 음악 등등이 에고(ego)를 없애 준다. 그래서 기쁜 것이다. 사욕이 깊은 사람은 그런 것을 보고 들어도 에고(ego)가 없어지지 않기 때문에 즐겁거나 기쁘지가 않다.

모든 전례 행위도 마찬가지다. 그 전례 행위가 에고(ego)를 없애서 전례 내용을 현장화하지 못하면 지겨울 뿐이다.   2007. 6. 13.

이 세상에 있으면서 완전히 이 세상과 하직하였다. 흐름에 나는 없다. 나는 물속에 완전히 잠겨 버렸다.   2007. 6. 13.

좋음이든 싫음이든 그것은 내가 좋아하려고 해서 좋은 것이 아니고, 싫음도 내가 싫어하려고 해서 싫은 것이 아니다. 그 좋음이나 싫음은 이미 결정된 것이다. 거기에 나는 없다. 나의 것으로 하면 하느님 나라에 들 수가 없다.

그러나 이보다 더 심각한 문제는 혹시 이러한 것들이 나의 결함에서 야기되는 문제들일 경우이다. 술을 마시지 말아야 한다는 것을 알면서도 마신다. 가서 만나지 말아야 할 사람을 가서 만난다. 술이 좋은 이유는, 그리고 그녀가 좋은 이유는 무엇인가 잘못되어 있는 부분이 나에게 있고, 그것과 좋음과 싫음이 맞아떨어지면 중독이 되는 것이다.

가지 말아야지 하게 되면 가게 된다. 가지 않을 수 없는 자신의 조건 안에 이미 텅 빈 세계인 하느님이 계시기 때문에 그 부족한 조건에 머물러 있어야 한다.

텅 빈 세계는 부족함, 가난, 약함, 쓸쓸함, 외로움, 없음 앞에 열려 있다. 아니 이러한 부족한 데서 오는 상태는 이미 텅 빈 세계와 연결되어 있다. 이 세계에 들면 모든 장애가 다 걷히고 편안하다. 고요하다. 여생을 푹 쉬는 일만 남았다. 즐길 일만 남았다. 이 상태가 덕이다. 학이 나르는 세계다. 구름이 산에 걸려 있는 세계다. 이제 숨 쉬고 그저 있기만 하면 된다.

조금 더 구체적으로 말을 한다면 소리 있음 ↔ 소리 없음, 사람 있음 ↔ 사람 없음, 돈 있음 ↔ 돈 없음, 할 일 있음 ↔ 할 일 없음이 있는데, 여기서 소리 없음, 사람 없음, 돈 없음이 적적함, 외로움, 가난, 한가함 등등의 텅 빈 세계다. 이 텅 빈 세계로 들어가야 한다. 진복팔단이 이 이야기이다. 우는 자는 진복자로다, 가난한 자는 진복자로다…. 나의 가장 큰 문제가 삽시간에 해결이 된다. 텅 빈 세계가 바탕이 되어 꽉 찬 세계가 있다. 텅 빈 세계에서 살아야 한다.

그러면 아주 쉽게 현재, 지금, 찰나에 머물게 된다.

이러한 말들이 생각에 머물러 있으면 아니 된다. 하느님의 텅 빈 세계는 생각 너머에 있기 때문이다.

부족함, 가난, 약함, 쓸쓸함, 외로움, 없음, 소리 없음, 사람 없음, 돈 없음, 적적함, 한가함, 염려나 근심 걱정을 아니 함, 갈증, 맛없음, 불편, 식욕을 채우지 않음, 나는 깨진 그릇, 자신을 경멸, 모욕을 받음, 자신을 천하게 여김, 촌놈, 고용된 종, 아무 짝에도 쓸모없는 위인, 자기 고백 등등은 하느님과 맞닿아 있는 38선이다. 여기에서 하느님을 만난다. 거기서 기다리면 된다.   2007. 6. 18.

2007년 7월

믿음이란 의식 너머의 세계에 머물러도 의식이 다 알아서 나의 일을 처리하니, 나는 마음 놓고 의식 너머의 세계에 머무는 것을 뜻한다.

우리 집 개들의 우울증은 주인이 누구인지를 몰라서 자기 정체성의 결여에서 오는 것이란다. 누구에게 복종해야 할지를 모른다는 것이다. 사람도 마찬가지다. 복종해야 할 대상이 있으면 안정감이 생긴다. 그렇다면 인간이 복종해야 할 대상이 누구인가? 예수 그리스도께서 잘 가리켜 주신다. 성부다. 성부는 누구인가? 성부를 희미하게 알고 있으니 복종을 제대로 못 하여 자기 정체성도 흐려지고 따라서 우울증이 걸린다.

그리스도는 의지와 지성과 감성 모두를, 즉 의식을 죽이셨다. 의식을 죽이면 의식 너머의 세계로 들게 된다. 무의지(의지를 나의 것으로 하지 않음), 무지성(생각을 멈춤), 무목적(목적이 없음) 안으로 들어가면 거기에 평화가 있고 고요가 있다. 이 평화와 고요가 성부이시다. 여기서 평화와 고요를 상상해서 넘어가면 안 된다. 그것은 가짜다.

"사제가 되느라 채우지 못한 것이 있다. 앞으로 하느님께서 채우지 못한 것을 채워 주실 것이다". 새 사제가 되어 이렇게 말한다면 이는 앞으로 큰 방황을 앞에 놓고 있음을 뜻한다 아니 할 수 없다. 채우지 못한 그 자리에 바로 하느님이 계신데, 하느님이 무엇으로 거기를 채운단 말인가? 마음은 화수분이라서 그 무엇으로도 채울 수 없다. 하느님으로밖에 채울 수가 없다. 그런데 그 하느님은 그 안에 이미 계시다. 어떤 하느님이 따로 있어서 그 마음을 채우는 것이 아니다.

나는 구더기일 뿐이다. 그저 좋은 상태이면 좋은 상태대로 나쁜 상태이면 나쁜 상태대로 있을 수밖에 없다. 그뿐이다. 나를 구더기로 고백하고 나를 아무것도 아닌 것으로 고백한다는 것은 나에게 주인이 있다는 뜻이 된다. 되는 대로 흘러가게 하면 흘러가는 것이다. 지금 이렇게 흘러가고 있다. 그리스도가 주인이다. 그리스도가 주인이면 그리스도와 성부가 하나이니, 하느님이 주인이라는 말이 된다.

내가 지금 요 모양 요 꼴이니, 요 모양 요 꼴대로 그냥 있으면 거기에 하느님이 계시다. 그러니 얼마나 하느님을 모시기가 쉬운 일인가? 더 노력하여 성취하여 하느님을 모시는 것이라면 능력 없고 재주 없는 사람은 하느님과 관계없는 생활을 하다가 생을 마쳐야 한다는 말이 된다. 그러면 사람이 노력할 필요가 없다는 말인가? 노력을 해서 이루었다 하자. 거기 그 이룬 자리에서 더 나갈 곳이 없을까? 또 있다. 그러면 또 노력해야 하는가? 일생을 노력만 하다가 죽는다. 노력해서 이루어진 그 곳도 또 요 모양 요 꼴이다. 노력하고 성취하여 하느님을 만나는 것이 아니다. 노력해야 하니까 하는 것일 뿐이다. 노력은 하되 그렇게 노력을 해서 하느님을 만나는 것은 아님을 알고 노력해야 한다. 그러니 편안하게 노력할 수 있다. 지금 이 자리에서 하느님을 만나는 것이지 노력해서 만나는 것이 아니다. 요 모양 요 꼴에서 만나는 것이다. 요 모양 요 꼴의 부족함의 텅 빔이 바로 하느님이다. 그러니까 나는 지금 하느님과 하나다.

우리는 바라는 것이 많다. 그만큼 필요한 것이 많고 부족한 것이 많다는 말이다. 그 부족함이 많은 것이 바로 텅 빔이다. 그것이 하느님이다. 더 좋은 아파트, 더 좋은 자동차, 좀더 잘난 아들, 좀더 나은 남편, 바라는 것이 한두 가지가 아니다. 가난하기 때문에 바라는 것이 많다. 그런데 가난하기에 텅 빈 그것이 하느님이라는 말이다.

가난한 자는 진복자로다. 하늘 나라가 그들의 것이다. 미래가 아니라 현재다. "행복하여라, 마음이 가난한 사람들! 하늘 나라가 그들의 것이다. 행복하여라, 슬퍼하는 사람들! 그들은 위로를 받을 것이다"(마태 5,3-4).

무엇을 바란다면 그 바람이 하나의 막이 되어 하느님과 나 사이를 갈라놓지만, 아무것도 바라는 것이 없이, 그냥 요 모양 요 꼴로 앉아 있으니 막이 형성될 거리가 없어 그 즉시 하느님과 하나가 된다.

하느님은 지금 여기에 텅 빈 모습으로 있다. 예수 그리스도께서 못에 박히시어 그 자리에 꼼짝 않고 계시어 그 자리에서 하느님 나라가 탄생한다. 이것을 "우리 주 예수 그리스도를 통하여 나타난 하느님의 사랑"이라고 한다. 로마 8,35.38-39: "무엇이 우리를 그리스도의 사랑에서 갈라놓을 수 있겠습니까? 환난입니까? 역경입니까? 박해입니까? 굶주림입니까? 헐벗음입니까? 위험입니까? 칼입니까? 나는 확신합니다. 죽음도, 삶도, 천사도, 권세도, 현재의 것도, 미래의 것도, 권능도, 저 높은 곳도, 저 깊은 곳도 그 밖의 어떠한 피조물도 우리 주 그리스도 예수님에게서 드러난 하느님의 사랑에서 우리를 떼어 놓을 수 없습니다"(성무일도서 Ⅲ권 1528쪽. 튼튼한 나의 반석…).

불교의 핵심을 한마디로 말한다면 색즉시공, 공즉시색이라고 한다. 그렇다면 그리스도교는? "마음이 가난한 자는 진복자로다". 이루어지기만을 바라고, 이루어지는 데서 하느님을 찾고, 낮은 곳의 텅 빔 안에서 찾지 않고, 저 높은 자리에서 찾으니, 그리스도교가 너무 변질되었다. 그리스도의 가난을 프란치스코가 다시 부르짖어 당시의 교회를 개혁했다면, 이 시대에 또 누가 가난을 다시 부르짖어 교회를 개혁해야 할 것이다.

"그리스도의 그 말씀이 당시에 대히트를 했듯이, 지금 같은 말이 대히트를 해야 하는데…. 그렇다면 노력하지 마라는 말입니까?" 하고 비아냥대는데, 설명을 해도 비아냥댄다.

생각과 걱정과 바람은 의식의 세계에 해당한다. 의식의 세계를 떠나는 것이 회개다. 음식과 성과 하직해야 한다. 떠나서 하직하면 편하다. 나는 모른다. 이 세상은 의식이 알아서 한다. 의식을 떠나지 못하면 그 속은 복잡하다. 의식을 떠나면 그 자체로 편안하다. 밥도 소식을 할 수 있다. 의식을 떠나면 대단한 안정감에 든다.

테니스와 페더러(Federer)를 떠나 잊는 것은 편안함에 드는 것이다. 세상을 하직하는 것이 평화다. 다른 사람이 기도에 나오건 말건 거기에 상관함은 의식을 하직하지 못해서 그렇다. 그리고 의식 너머의 이 고요의 세계가 있기 때문에 의식이 있고 내가 있다. 그것 없이는 이것이 있을 수 없다. 그런데 사람들은 이것에만 매달린다. 성부가 있어서 성자가 있고 자연이 있고, 아버지가 주시는 장난감이 있다. 그것이 인간에게 내리는 최대의 선물은 바로 의식이다. 그 의식을 버리는 것은 장난감을 버리고 아버지의 사랑에 일치하는 것이다.

좋은 것 나쁜 것 다 떠나야 한다. 새 소리, 바람 소리, 음악 모두를 떠나야 한다. 반찬에다 재를 뿌려서 먹지 않았는가? 좋고 나쁨은 모두 복잡하다. 이렇게 해서 세상을 하직하는 것이다. 나를 욕해도 좋고 칭찬하면 우습고.

흔들리지 말아야 한다. 그것이 의식 너머의 평상심이다. 나는 보았다. 지금의 보통 마음과 그 곳의 마음이 똑같다. 조용하다. 아무 걱정 없이 숨만 쉬면 된다. 내가 할 일은 편안히 숨만 쉬고 있으면 된다. 편안히 숨만 쉬는 그 상태가 아기가 색색 잠자는 모습과 흡사하다. 아기가 되는 것이다. 늘 편안하기만 하다. 그것이 평상심이다. 바로 이것이 흔들리지 말아야 한다.

그러나 의식과 함께 할 때는 충분히 행복해 해야 한다.

흔들리지 않아야 하는 그것은 무엇이냐? 1. 평상심, 2. 고요, 3. 공간, 가난, 4. 없음이 흔들리지 않아야 함.

순명이란 그저 그런 것에 저항하지 않는 것이다. 숨만 편안히 쉬는 것이다. 순교도 편안히 쉬는 것이다. 2007. 7. 6.

나는 똥 친 막대기

(부싯돌의 무념의 인내와 렌즈의 집중력)

나의 이 부족한 모습, 그저 그 모습대로 그냥 사는 '그냥'이 가난이신 하느님이고, 이 하느님을 모시기 위해서는 마음이 흔들리지 않아야 한다. 마음이 흔들리지 않았으면 그 다음은 반드시 그것을 관상해야 저 깊은 하느님의 세계로 진입한다. 이 진입을 위해서 마음이 흔들리지 않게 하는 것이다. 2007. 7. 8.

좋은 것을 거부하고 싫은 것을 받아들이며 들어가는 무감(無感)의 흔들리지 않는 세계는 조그마한 것이나 일이나 사물과 만날 때 무한의 기쁨으로 들어간다. 물 갈아 주는 것, 전화 받는 것, 개밥 주는 것 등등에서 기쁨으로 들어간다. 이것이 참 기쁨이다. 좋은 경치 보는 것, 아름다운 꽃 보는 것, 거기에 참 기쁨이 없다. 조그마한 일이나 사물에서 기쁨을 만나지 못하는 이유는 움직이지 않는 흔들리지 않는 무엇이 없어서 그렇다.

(산과 그리고 산을 스치는 구름, 바람, 비, 꽃, 나비, 새, 우박, 눈…)

나의 주인이신 하느님(무감의 세계)은 판단하지 않는 넓은 공간이며 인내이며, 가난이며, 겸손, 없음….

무감의 흔들리지 않는 세계를 만들어야 한다. 정직하면 된다. 그렇게 해서 정직하면 겸손에 이른다. 나를 있는 그대로 바라보는 정직함이 나를 겸손에 이르게 하여 하느님과 직통하는 통로를 만든다. 하느님은 겸손한 자와 즉시 통한다. 겸손, 이 때 전능과 연결된다. 하느님은 지하수 통로이시다. 지하수 통로에서 물들이 만난다. 하느님과 내가 만난다.

똥 친 막대기, 아무것도 아니다. 나를 죄 짓게 하는 나의 가장 약한 부분에 빛은 이미 들어와 있다. 나는 약함을 자랑한다. 동창이 밝았느냐 노고지리 우지진다. 소 치는….

나는 아무것도 아닌 존재다. 없는 존재다. 재주가 있다고 해도 그것은 하느님이 만든 것인데, 나의 것인 양 자랑한다. 나는 장난감 자동차다. 허수아비다. 그럼에도 있는 존재인 것처럼 행동한다. 말하고 행동하고 돌아다니는 나와 실제의 나는 커다란 차이가 있다. 그러니 아주 더러운 놈이다. 이것을 알아차리는 것이 회개다. 끈질긴 죄의 뿌리(막) 앞에서 절망하지 않을 수 없다. 이 절망에 빛이 이미 들어와 있다. 절망을 잘 들여다보아야 한다. 절망 속에서 절망을 잘 들여다보아야 한다. 약함에도 이미 빛이 들어 있고 절망에도 이미 빛이 들어 있다. 약함을 모르고 절망에 빠져도 괜찮다. 이것이 회개다. 그러면 전능과 연결이 되니, 전능을 관상하지 않을 수 없다. 겸손한 생활이 곧 기도다. 더 이상 없다. 그러면 전신에 신선한 빛이 직접적으로 쪼인다.

내가 요 모양 요 꼴로 태어나고 싶어서 태어난 것이 아니다. 요 모양 요 꼴에 아무렇지도 않다. 거기에 있는 자유를 누린다. 요 모양 요 꼴에 아무렇지도 않을 수 없는 사람은 자기 자식을 천재로 키우려고 하고, 또 천재라고 한다. 요 모양 요 꼴로 있으면 그저 이렇게 있음에서 빛이 쪼인다. 이것을 더 발전시킨다면 태어나고 싶어서 태어난 것이 아니다. 거기에 있는 자유를 누린다. 그래서 살아 있는 그 자체가 생생하다.

물이 자꾸 내려가듯이, 겸손에 은총의 빛이 쪼인다. 겸손하면 겸손할수록 은총의 빛이 더욱 밝게 비친다. 겸손이 나를 무에 이르게 하고, 거기서 평화가 온다. 고요의 빛을 흔들리지 않고 오롯이 집중해서 받는다. 그러면 찬란한 빛을 가슴에 받는다. 고요의 빛으로 완전히 넘어가면 호흡이 편안해진다. 하느님은 겸손에 계시다. 겸손이 정의다. 내 가슴에 있는 막(幕), 즉 죄를 보면 그 놈은 당연히 무시를 받아야 하고(무시를 받아야 그 놈이 사라진다), 당연히 굶어야 할 놈이고(굶어야 사라진다), 당연히 어려운 일을 해야 하고(어려운 일을 해야 사라진다), 당연히 다른 이를 존경해야 하고(존경해야 막이 사라진다), 모든 이보다 가장 못난 이임을 자각해야 한다. 이런 것들을 찾아서 하는 사람들이 수도자들이고 평신도들은 내 앞에 닥치는 것들만 그렇게 넘어가면 그것이 덕이 되어 카리타스(caritas)의 사랑에 이르게 한다. 여기서 진정 기쁨이 샘솟는다.

외적으로 정의를 부르짖을 놈이 못 된다. 나의 험악한 이 어두움을 망각한 소치다. 거울을 보고 자신에게 "너는 멋있다"를 매일 아침 반복하는 것이 심리학에서 내놓는 우울증에 걸린 사람들에 대한 처방인 듯하다. 이것은 억지다. 그렇게 해서 힘을 얻어 일어난 나의 모습은 허상이다. 나는 본질적으로 죄다. "나는 죄인입니다"라고 진정으로 고백할 수 있어야 한다. 죄가 있어서가 아니라 죄가 내 안에서 나에 의지해서 살고 있기 때문이다. 마치 세균들이 나의 내장에서 살고 기생충이 내 몸 안에서 살듯이 죄가 살고 있다. 십이지장충보다 더 더러운 것이 죄다. 막이다. 이 막이 사람을 질투하고 가른다.

이 죄가 가슴에 분별심을 일으키며 모든 것을 방해한다. 즉 조각조각 난 이것이 좋고 저것이 나쁘고, 이것이 옳고 저것이 그르고 따지면 아니 된다. 시비이해를 따지면 아니 된다. 사랑(나는 이렇게 사랑하는데, 당신은 무어냐? 나를 싫어한다. 나는 누구를 좋아한다. 사랑으로 고민한다), 탐냄(돈이나 물건, 네 것이다. 나의 것이다. 돈을

뗀다), 원망(섭섭하고, 상처받는 일들이 많다). 이 세 가지에 머리를 싸매고 모두가 한결같이 똑같이 울고불고 한다. 이는 대머리 독수리들이 시체를 놓고 서로 싸우는 격이다. 모든 것은 놓으면 사라진다. 산등성이 구름과 안개가 스쳐 지나가듯이 모든 것은 순식간에 스쳐 간다. 나도 여러분을 금방 스쳐 간다. 여러분도 나를 금방 스쳐 지나 간다.

그러나 겸손은 원망과 혼란을 잠재우고, 가난(주는 대로 먹는 것, 생긴 대로 사는 것)은 탐냄을 없애며, 무소유(누구를 차지하려고 하고, 파를 만들려고 하는 것이 다 소유다)는 사랑 문제를 없앤다. 사랑 문제가 없으면 홀가분하다. 이 홀가분함이 하느님이다.

이런 것들과 싸우는 사람들을 부자라고 한다. 부자는 천국에 들지 못한다. 그러나 들에 핀 백합을 보라. 주는 대로 먹어라.

2007. 7. 12.

죽음의 문을 통과한 참 평화

1. '이루어지게 하소서'에서 이루어지지 않음을, 이루어지기만을 바라는 기도의 바벨 탑이 무너지기를.

「어느 봉사자에게 보낸 편지」 1-8:

봉사자 모(某) 형제께, "주님께서" 그대를 "축복하시기를!".

할 수 있는 만큼 나는 그대의 영혼 사정에 관하여 이야기할까 합니다. 그대가 주 하느님을 사랑하는 데에 방해되는 것이든, 또 형제들이나 다른 사람들이 그대를 때리면서까지 방해하든,

이 모든 것을 은총으로 받아들여야 합니다. 그리고 그대는 이런 것들을 원하고, 다른 것은 원하지 마십시오. 그리고 이것이 그대가 따라야 할 주 하느님의 참된 순종이요 나의 참된 순종이 됩니다. 나는 이것이야말로 참된 순종임을 확실히 알고 있기 때문입니다. 그리고 그대에게 이런 것들을 하는 이들을 사랑하십시오. 그리고 주님께서 그대에게 주시는 것이 아니면, 그들에게서 다른 것을 바라지 마십시오. 그리고 이러한 상황에서 그들을 사랑하고, 그들이 더 훌륭한 그리스도인들이었으면 하고 바라지 마십시오. 그러면 이것이 그대에게는 은수 생활보다 더 좋은 것이 될 것입니다.

2. '채워 주소서'에서 오히려 다 버림을, 욕망의 창고에서 나와 무소유의 허허벌판에 서기를.

「1 첼라노」 51:

모든 열성과 염려를 다하여 그는 거룩한 부인이신 가난을 고수하였다(필요한 것이 있을 때, 그 필요한 것 없이 살 때 하느님이 온다).

그는 불로 요리한 음식을 자신을 위하여 허용하는 일은 전혀 없거나 매우 드물었으며, 요리된 음식을 허용하는 경우라도 그 음식에 재를 뿌리거나 양념 맛을 없애기 위하여 찬물을 부었다.

그리고 갈증을 풀기 위하여 물조차도 충분히 마시려 하지 않았던 그였으니, 하물며 그가 포도주를 마시는 일에 관해서 내가 무슨 할 말이 있겠는가?

「1첼라노」 52:

> 회개 생활에서 오는 결과: 잠자리에 요나 의류를 깔지 못하게 하였고, 맨살이 방바닥에 닿도록 했다. 앉은 채로 잤고, 눕게 될 때에는 나무 조각이나 돌을 베개 삼았다. 어떤 특별한 음식에 대하여 식욕이 동했을 때, 그는 거의 식욕을 채우려 하지 않았다.

3. '인정받고 싶음'에서 오히려 비웃음거리가 되기를, 그리스도 앞에서 애정 결핍이 있다면 이는 애정 불감증임을 깨닫기를.

프란치스코는 다른 무엇보다도 먼저 예수 그리스도 안에서 그리고 그리스도의 지극히 작음 안에서 당신 자신을(성부를) 알려 주시는 하느님을 탐색하면서 자기 자신이 보잘것없고, 아무것도 아니라는 사실을 깨달았다. "나는 무식하고 어리석은 사람"(「참기쁨」 11; 「유언」 19; 「2첼라노」 145)이며, "나는 인간이 아닌 구더기, 사람들의 우셋거리, 백성의 조롱거리"(시편 21,7; 「2신자 편지」 46).

프란치스코는 이와 같이 자기 자신과 예수의 정체를 동일시한다.

「1첼라노」 53:

> 그는 스스로를 깨진 그릇처럼 대했고(회개의 결과다), 온전히 자기 자신을 경멸할 수 있게 되었고(구더기다), 일시적인 것을 싫어하여 모욕을 받을 때에 흔쾌히 자신을 거기에 내놓았다. 진정으로 자신을 천하게 여겼으므로, 그는 그의 말이나 모범으로 남들도 스스로를 경멸할 수 있도록 가르쳤다.
> 그리하여 자주 모든 사람들로부터 존경을 받을 때마다 깊은

아픔을 겪었다. 그래서 사람들의 호의를 거절하였으며, 그는 누군가에 의해서 비난을 듣게끔 마음을 썼다. 그는 형제를 그에게 불러 말하곤 했다: "순종으로 이르는 말이니, 거칠게 나를 욕하고 남들의 거짓말을 물리쳐 진실을 말하시오". 그리하여 그 형제가 마지못해 그를 촌놈이요, 고용된 종이요, 아무 짝에도 쓸모없는 위인이라고 반복하여 말했을 때에 프란치스코는 미소를 머금고 그 때마다 박수로 환영하며 대답하곤 했다. "형제는 참으로 진실한 말을 하였으니, 주께서 형제를 축복하시기를! 피에트로 베르나르도네의 아들은 그런 말을 들어 마땅합니다". 이렇게 말함으로써 그는 자신의 비천한 출생의 상황들을 회상하곤 하였다.

4. 상처와 아픔을 붙들고 슬퍼하기 보다는, 오히려 그 안에서 더욱 그리스도를 만나고(상처와 아픔과 슬픔은 창문으로서 빛이 이미 와 있음을).

「1 첼라노」 47:

  형제들은 지상적인 염려나 괴로운 근심 걱정에 마음 쓰는 일이 없었기 때문에 성령의 불에 타올라 정해진 성무일도 시간만 아니라, 어느 때고 항상 탄원하는 아름다운 목소리로 주님의 기도를 노래하였다.

「백성의 지도자들에게 보낸 편지」 6:

  그러므로 나의 주인이신 여러분에게 간곡히 권합니다. 모든 근심과 걱정을 물리치고 참된 "회개를 하십시오". 또한 우리 주 예수 그리스도를 거룩하게 기념하여 그분의 지극히 거룩하신 몸과 지극히 거룩하신 피를 기쁘게 받아 모십시오.

반투명: 반투명이여. 뭣인가를 언제까지나 가만히 응시하는 것은 네가 있는 곳에서 하는 일. 이 때 육의 눈과 영의 눈은 하나. 보면 볼수록 오련히 드러난다. 가려운 듯 황홀한 듯 끝없는 응시. 그러나 보아도 보아도 다는 안 보이네 … 내 나자렛 예수에게 목숨 걸고 점점 더 매혹돼 들어가는 것도 투명과 불투명이 피 흘리며 교차하는 반투명이 바로 예수에서 오롯이 이루어진 때문인저 … 신비의 무리. 빛의 둥우리. 반투명. 너는 사랑이다.

5. 하루에도 수없이 틀어 오르는 막이 카로(caro)임을, 그것이 하느님께 나아가는 데 있어 장애물임을, 카로(caro), 시기, 질투, 편견이 장애의 막임을 알아차리고 맑고 투명한 영, 크리스털 같은 영이 되기를.

6. 그리고 그것은 이웃을 내 몸같이 사랑하는 데 있어 걸림돌임을.

7. 환난이 밀려오면 거기에 꼼짝달싹하지 않고 깔려 죽으려고 하자, (거기에 이미 고요의 빛이 있음을) 깨닫고 산처럼 인내할 수 있게 하여 주심에,
「신자들에게 보내는 편지 2」 38:

우리는 우리의 "원수들을 사랑하고" 우리를 미워하는 "사람들에게" 잘해 주어야 합니다.

8. (흔들리지 마라)

「1첼라노」71 :

  그는 외적인 소음에 초연하도록 하였고, 육신의 오관을 철저히 통제하였으며, 마음의 움직임을 제어하여 스스로를 하느님으로만 채웠다.
  자신을 온전히 비우고 구세주의 오상(五傷) 속에 아주 오랫동안 머물러 있었다. 그러므로 그는 자주 한적한 곳들을 찾게 되었고 그 곳에서 하느님께 온전히 마음을 향할 수가 있었다.

소가 되새김질하듯, 깨우쳐 주시고 가르쳐 주심에 감사드립니다. 부족함, 가난, 약함, 쓸쓸함, 외로움, 없음, 불편함, 맛없음, 갈증, 식욕을 채우지 않음 등등의 부정적인 것이 좁은 문의 그릇이고, 그 안에 이미 와 있는 빛을 관상하면 사랑이 그 안에 있음을 알게 되는데, 이 사랑이 내용이다. 이 그릇을 바탕으로 하지 않는 기쁨은 나의 것이 되어 버리고 참 기쁨이 아니다.

「비인준 규칙」17,17 :

  그리고 우리는 지극히 높으시고 지존하신 주 하느님께 모든 좋은 것을 돌려드리고, 모든 좋은 것이 바로 그분의 것임을 깨달으며, 모든 선에 대해 그분께 감사드립시다.

「시간경마다 바치는 찬미」2 :

  주 우리 하느님, 당신께서는 "찬미와" 영광과 영예와 "찬양을" 받기에 합당한 분이시나이다. 영원히 그분을 찬미하고 찬송

들 하세.

「클라라 유언」 56-58:

나는 우리 주 예수 그리스도 안에서 지금 있는 그리고 앞으로 들어올 나의 모든 자매들에게 거룩한 단순성과 겸손과 가난의 길, 그리고 품위 있는 거룩한 생활 방식을 항상 따르도록 힘쓰라고 권고하고 훈계합니다. 그리스도와 지극히 복되신 우리 사부 프란치스코께서도 우리가 회개한 처음부터 그렇게 가르쳐 주셨습니다. 이와 같은 삶을 통해 자비의 아버지께서 친히 우리 공로가 아니라 오로지 베푸시는 분의 자비와 은총으로 멀리 있는 이들에게나 가까이 있는 이들에게나 좋은 평판의 향기를 풍기게 하셨습니다.

「클라라 유언」 71-73:

그리고 생명에 이르게 하고 들어가게 하는 길과 샛길은 좁고 또 문이 험해서 그 길을 걷고 그 문으로 들어가는 사람은 적습니다. 또한, 잠시 그 길을 걷는 사람들이 있다손 치더라도, 거기에 항구한 사람들은 아주 적습니다. 그 길을 걸어 끝까지 항구한 사람들은 복됩니다!

그리스도의 수난을 묵상하다.
「아씨시 편집본」 77-78:

프란치스코는 살아 있을 때 오랫동안 간장, 비장 및 위장병으로 고생하였고(죽을 때까지 이를 달고 다녔다), 바빌론과 이집트의 술탄에게 설교하러 동방에 갔을 때 큰 눈병도 얻게 되었고 오가는 도중에 강렬한 열에 노출되어 과로와 여행의 피로에 겹쳐 더욱 심하게 되었다. 그러나 그리스도께 회개한 순간부터 피어올랐던 열정에 불타 형제들과 많은 이들이 그의 상태를 염려하여 권유했음에도 불구하고 도무지 치료할 생각을 하지 않았다.

하느님의 아드님의 자기 비하의 모범에서 늘 달콤함과 감동을 받았기에 몸에 힘든 것이라면 무엇이든 좋은 것이고 소중한 것이라 여겼던 것이다.

성인은 매일 우리를 위해 그리스도께서 참아 받으셨던 고통과 쓰라림을 묵상하였고, 자신의 개인적인 고통을 전혀 돌보지 않을 만큼 가시적으로도 고통을 참아 받았다.

회개한 지 몇 년 후 어느 날, 성인은 혼자서 포르찌운쿨라 성 마리아 성당 산책로를 걸어가면서 울며 몹시 아파하였다. 이렇게 울며 가던 중, 이미 성인이 형제들을 얻기 이전부터 또 그 후에도 성인을 많이 도와주었던 경건한 한 사람을 마주치게 되었다(우리도 그 사람을 알고 있고 이 이야기는 그로부터 들은 것이다). 그는 마음이 동하여 성인에게 "형제여, 무슨 일입니까?" 하고 물었다. 몸이 많이 아픈 줄로 생각했던 것이다.

"부끄러워함이 없이 이렇게 울면서 세상을 돌아다니며 내 주님의 수난을 애통해 하고 싶다오" 하고 그에게 대답했다.

그러자 그도 성인과 더불어 울며 통곡하기 시작하였다.

결론: 프란치스코는 복음을 묵상할수록 복음 메시지의 핵심은 자기비허(kenosis)의 신비에 있음을 알게 되었다. 즉 육화의 겸손, 수난의 사랑, 십자가의 죽음에 이르는 순종 등 그리스도의 삶 안에서 자

기비허(kenosis)가 절정을 이루고 있음을 보았고, 그러한 그리스도야 말로 우리를 하느님께 인도하는 가장 확실한 길임을 확신하게 된다.

회개를 통과한 다음에 다가오는 사랑스런 생명

1. 아주 얇은 막을 알아차리어 걷어 낸다. 기대와 의지가 막이다. 꺾이면 얇아진다.

2. 가장 절망적인 죽음이라는 회개로 들어가는 좁은 문.

죽음에 머물면 척추가 곧아지면서, 구겨진 옷이 펴지고 하느님이 나타난다. 고요한 존재가 나타난다. 나에게 고통이 있다는 것은 어떤 잘못된 구겨진 측면이 나에게 있다는 뜻이다. 고통을 내치고 자신에게 고통을 가하는 주위 사람들의 말을 받아들이지 않고 자신을 내놓지 않는 사람은 구겨진 것이 펴지기를 거부하는 것이다. 그러므로 고통을 완벽하게 끌어안으면 그 구겨졌던 것이 펴진다. 여기에서 펴진 경험이 있는 자만이 상대방의 부족함을 품어서 생명을 낳아 준다.

교회는 어머니다. 우주는 부족한 나를 품어 낳아 주는 어머니다. 나의 부족함을 품으려 생명을 바치는 그리스도의 희생은 사랑이요, 곧 우주와 나를 일치시킨다. 이는 몰아적 사랑이요, 모성적 사랑이며 자신을 잃어버릴 정도로 자신을 내어 준다. 그것이 사랑인 줄을 알고 누군가가 가져간다. 이것이 하늘이 낸 모성이다.

어린 양의 희생과 없어진 빵에서 사랑이 온다. 그러나 이를 모르는 인간은 희생을 바치는 것을 억울하게 생각한다. 공동체에서 문제가 나타났을 때 희생을 하면 공동체가 펴진다. 우주적으로 하느님이 나타난다. 그리스도께서 그렇게 하여 펴진 세계를 나에게 주셨다.

바닷속은 사랑이었다. 여기까지는 가야 한다.

의식의 큰 물줄기(흐름)에 대항할 수 있는가?

호수의 표면이 출렁이어 흔들리면 주변의 산맥을 그대로 보여 주지 못하여 나의 마음을 고요하게 하지 못한다.

환경이 좋지 않았다면 그만큼 가난했다는 뜻이 된다. 그러한 좋지 않은 조건에 얇은 막이 있고, 그 막을 통하여 넓은 광야가 펼쳐진다. 사실은 육신 자체가 좋지 않은 환경의 얇은 막이다. 육체를 가지고 있다면 육체에 비치는 빛을 관상할 줄 알아야 한다. 그 넓은 광야는 성을 주도하는 의식의 광야와 동일하다.

무슨 말을 할까 계획하지 말고, 누구를 만날 때는 무감하게 만나고, 일을 할 때는 성취하려는 마음 없이 일을 하는, 소위 힘을 뺀 상태로 흐르듯이 살아가거라. 변하지 않는 것이 거기에 있고, 그 위에 종이배가 흐른다. 나는 없다. 이 힘을 뺀 상태로 외로움, 무소유, 모름, 약함 등을 관상으로 통과한다. 통과하면 그 곳에는 거룩함이 있고, 겸손이 있고, 변하지 않는 고요가 있고 영원이 있다. 힘을 빼고 살아야 저쪽이 활동을 한다.

이렇게 어린이처럼 살면 지금까지 나를 지배했던 짐승 같은 더러운 것들이 빠져나간다.

나는 모른다. 몰라. 아무것도 모른다. 그래서 아무 계획도 없다. 커다란 의식이 다가온다. 주님이시여! 이 주님을 모시느냐 아니 모시느냐가 관건이다. 모시면 모든 것을 나의 것으로 하지 않게 된다. 그러면 자유롭다. 그 주님 앞에 나는 어린이다. 내가 주인이었던 늑대 같은 나는 사라졌다. 아니 원래 없는 것이었다. 이렇게 주인과 어린이인 종이 하나 되어 삼위일체에 이른다.

우리는 온갖 환난을 겪어도 억눌리지 않고, 난관에 부딪혀도 절망하지 않으며, 박해를 받아도 버림받지 않고, 맞아 쓰러져도 멸망하지 않습니다. 우리는 언제나 예수님의 죽음을 몸에 짊어지고 다닙니다. 우리 몸에서 예수님의 생명도 드러나게 하려는 것입니다.
우리는 살아 있으면서도 늘 예수님 때문에 죽음에 넘겨집니다. 우리의 죽을 육신에서 예수님의 생명도 드러나게 하려는 것입니다. 그리하여 우리에게서는 죽음이 약동하고 여러분에게서는 생명이 약동합니다(2코린 4,8-12).

하느님은 더위 안에 계시고 또 추위 안에도 계시다. 시원한 선풍기 바람 안에도 계시고, 폭풍 안에도 계시다. 내가 물을 마실 때에도 거기에 계시고, 갈증에 허덕일 때에도 거기에 계시다. 밥을 먹을 때에도 거기에 계시고 배고플 때에도 거기에 계시다. 숨을 쉴 때도 숨 안에 계시고 답답하여 숨을 쉴 수가 없을 때에도 거기에 계시다. 내가 즐거워할 때도 거기에 계시고 슬퍼할 때도 거기에 계시다. 어려운 일을 할 때도 거기에 계시고 편히 쉴 때도 거기에 계시다. 아니 계신 곳이 없으나 나뉘어지시는 분이 아니다.

그다지도 그리워하던 그것은 이것과 하나였어. 이것이 내가 찾던 바로 그것인 줄 모르면 이것에 매일 수밖에 없다.

연인과 어떤 체위로 잠자리를 같이 하여 사랑을 나눌까 흥미와 기대감에 벅차 있는 젊은이가 나중에 잠자리에서 취할 체위의 모습, 인간적 사랑에 대한 그리움 등등 이 모든 것이 바로 그것임을 알면, 이런 것들을 손에서 놓고 그것으로 가게 된다. 여기는 상징에 불과하다. 본질이 아니다. 누가 상징에 머물겠는가? 누가, 실제 사과와 그림의 사과 중에서 그림에 있는 사과를 더 좋아할 자 누가 있겠는가? 그림의 수박과 실제의 수박 중에서 어느 것이 더 좋은가?

모든 것에서 내가 없어지면서 다가오는 고요와 기쁨. 나만 없어지면 이 세상이 곧 저 세상이다. 똑같으면서 다르다. 그래서 삼위일체다. 이는 모든 개미들이 같으면서 서로 다른 것과 유사하다. 나만 없어지면 내가 선의 표상이다. 내가 저쪽이다. 찾는 자가 찾아진 자다.

그 모습은 이러하다. 나는 대자유다. 내가 택하지 않은 것에서는 자유가 있다. 대자유가 있다. 일도 그렇고 섹스도 그렇다. 태어남도 그렇고, 나의 성격도 그렇고 내가 나의 시어머니를 택하지 않았다. 거기에서 나는 자유롭다. 아이고, 나는 자유로워. 여자 생각, 술 생각 나라지 뭐. 자유인 나하고 상관없어. 나의 자유를 침범하지는 못한다. 오히려 자유는 그것을 바라볼 뿐이다. 내가 계획하고 내가 만들었으면 나의 것이지만, 내가 만든 것이 하나도 없고 내가 택한 것이 하나도 없기 때문에 나는 자유다.

마음속에 어떤 마음에 꼭 드는 연인을 어느 곳에서 만날 수 있기를 기대하지만, 그 기대는 사실은 하느님을 만나고 싶은 마음이다.

2007년 8월

싫고 좋음이 없는 밍밍한 가난의 세계. 맛있고 없음을 넘은 무미의 가난의 세계. 힘들고 쉬움이 없는 평이한 가난의 세계. 이 세계에 머물며, 이 세계를 관상하면 이 세계를 생활할 수 있어서 그 다음에 당신은 아름다움이십니다, 당신은 인내이십니다, 당신은 겸손이십니다, 당신은 정의이십니다를 노래하게 된다.

말하자면 싫고 좋음이 없다는 말은 에고(ego)가 없다는 말이다. 에고(ego)가 없는 내가 없는 상태에서 환난을 받아야 그 환난을 받을 때 빛이 온다. 내가 있으면 이 내가 저항을 하기 때문에 힘든 것이고 이것이 병의 원인이 된다. 둘이 충돌한 현장이 괴로움이요 상처요 아픔이다.

1mm도 움직이면 죽는다. 꼼짝하지 않으면 순수를 만난다. 그 순수는 침묵이다. 이 침묵이 어둠을 헤친다.

모든 것 안에 순수의 선이 들어 있다. 모든 것이 순수다. 그 선을 반복해서 관상하면 덕이 우주와 함께 다가온다. 내가 덕이 된다. 덕이 아랫배에 둥지를 튼다.   2007. 8. 11.

불편함, 부족, 배고픔 ….
조그만 기쁨에서 무한으로 넘어간다.

그리스도는 죄인과 세리와 창녀와 하나였다. 도무지 특별히 구분되지 않았다. 마음에 들지 않는 사람 앞에서 구분을 짓지 말고 하나가 되어야 한다. 이것이 기도다. 그 때 하나이신 하느님과 하나 된다. 생활이 기도다. 다른 기도는 필요 없다. 지금이 기도다. 이렇게 있는 것이 기도다. 나는 그것으로 기도다. 2007. 8. 12.

내가 없어지면 우주의 덕이 즉시 다가온다. 내가 이런 손을 원한 것은 아니다. 이런 눈을 원한 것도 아니다. 이런 발을 원한 것도 아니다. 즉시 덕이 다가온다. 2007. 8. 13.

잠을 자도록 되어 있으면 자야 한다. 나는 없기 때문이다. 따를 수밖에 없다. 2007. 8. 14.

모든 법을 지키면 안온하다. 특히 양심법을 지키면 안온하다. 이 안온함이 얼마나 좋은지를 모르니까 어리석게도 거기서 벗어나려고 하는 것이다. 2007. 8. 14.

꽃, 물, 공기, 바람 등 모든 것이 그 자체로 아름다워서 우리에게 선이신 하느님을 전한다. 그렇다면 나는 아름답지 않은가? 나의 마음은 순수하지 않은가? 마음은 누구의 마음이든 바탕이 아름답다. 그 자체로 기도다. 따라서 나의 모든 행위도 그 자체로 기도다.

첫 관상 기도 끝난 2007. 8. 19.

천국의 내용(질료), 꽃(형상): 질료와 형상이 하나이다. 성의 내용과 형상이 하나이다. 내가 곧 기도다. 나는 곧 기도다. 인간의 모든 행위가 곧 기도다. 그 중에도 성행위는 가장 큰 행위의 기도다. 이 사실을 알면 저절로 절제가 생긴다.   2007. 8. 20.

작은 들꽃들이 예뻐지고 맑은 샘물이 솟는대야
어찌 맑은 하늘과 태양 빛만이 중하다 하겠는가
흐릿한 구름 까만 눈물이 없고서야 어찌 꽃이 꽃다울 수 있으리

생명들은 각각의 모양으로
살아가는 방법과 익히는 업이
사뭇 다르네요
나뭇가지처럼 생긴 이 녀석은
얼마나 정(靜)을 닦았으면
숨도 안 쉬는 것처럼 조용히
오래도록 그대로 있네요
더덕 꽃이 피었습니다
해마다 보고 또 보니

정 깊어 가고
다시 보아도 이쁘고
신비롭습니다

무엇보다
소리 없는 말로
뜻을 전하고

한 걸음 옮기지 않고
천하에 퍼져 있으니
그 법이 참 장하기도 합니다

여름 숲의 소리는 단연
매미 소리, 계곡의 물 소리겠지요
숲에 묻혀 사는 이가
따로 무슨 말을 전하겠어요
그저 바람에 흔들리는
풀꽃의 춤사위나 감상합니다

오늘도 비가 내립니다
어린 시절 그러니까
천구백칠십 년대 초에
초가지붕을 양철 지붕으로
개량 공사를 하였고

그 양철 지붕에 빗방울 소리는
참 장관이었습니다
여기 차실에 앉아 있으면
그보다는 가라앉은 소리로
그러나 더
감정을 울리며 비가 내립니다
수계(受戒)란
해탈 열반으로 가는 길이요
윤리 도덕이 바탕이기에
화합으로 행복을 이룰 수 있으며
불명(佛名)을 받으면
부처님의 덕성을 표현한
이름으로
잘 받아 지니거나
타인이
불러 줌으로써
그렇게 다듬어지게 됩니다

사마귀 한 마리가 미동도 없이
정(靜)에 들어 있습니다

선(善)이 통째로 밀려오면서 생각이 밖으로 밀려나고, 이어서 몸 전체가 열린다. 그리고 순식간에 죄가 사라진다. 그리하여 나는 자연인이 된다.

지금 하는 일이 무엇이든 거기에 빠지면 가난이시고 공(空)이신 성부께 닿게 되고, 그것이 계속적으로 지속된다. 이렇게 마음이 단일화되는 것보다 좋은 것이 없다. 이는 집중에 의해서 가능하다. 집중은 하늘을 뚫고 선을 불러온다.

이제 성체는 죽음이다. 멸시도 죽음이다. 좋아하는 것 아니 하는 것도 죽음이다. 죽음이 문이다. 죽음이 문인 것을 아는 것이 시작이요, 죽음이 삶이요 생명임을 깨닫는 것이 믿음이다.

하나가 되어야 하기 때문에 어려움의 문을 지나야 하고, 타인을 도와주어야 한다. 주님의 십자가로 우주가 하나 되었다. 죄인과 하나가 되기 위하여 그의 죄로 그리스도도 어두워지셨다.

2007년 9월

왜 테니스와 섹스에 마음이 가는가? 거기에 집중이 쉽게 되고, 그 집중을 통과하여 저쪽 세상으로 넘어갈 수 있기 때문이다. 모든 것이 단박에 이루어진다. 사방이 행길이다. 연인을 생각하면 연인을 생각하는 집중을 통하여, 그 순간 순수하고 깨끗한 세계에 도달한다. 선이다. 음악도 귀여운 아이도 테니스 시합 소식도 모두가 나를 저쪽으로 이끈다. 이 세상에 집중보다 더 좋은 것이 없다. 어떤 것이든 관통하여 도둑처럼 오신다. 그것을 사는 생활이 선험적이고 선포적인 수도 생활이요, 신앙 생활이다. 2007. 9. 3.

복음을 읽고 들어도 그것이 사랑으로 온다. 살아서 온다. 신격이다. 생명이다. 도무지 사랑이 아닌 것이 없다. 그러나 여러분에게는 아직 덕이라고 해야 옳을 것이다. 이 덕이 오면 내가 덕이 돼서, 덕을 베풀게 된다. 덕의 집이 아주 좋다. 거기서 나가지 않는다. 생명이요, 양심이요, 사랑의 영이다. 덕을 눈사람으로 비유하면 사랑은 눈사태다.

촛불, 벌레 소리, 새 소리, 꽃 등등이 이 때는 선에서 덕으로 온다.

세상이 달라 보인다. 세상이 달라 보이기 시작할 때 하늘에서는 천둥이 울며 축하를 한다.

그 사랑과 얼마든지 같이 앉아 있을 수 있다. 뭐 다른 거 보고 읽고 듣고 할 필요가 없다. 만나면 선이 인다. 덕이 생기면서, 좋은 것을 택하게 된다. 자유가 관계 안에서 일어선다. 절대로 어두움에 빠지지 않게 된다. 덕에서 자유로 택하게 된다.

안주와 함께 술 마실 때, 밝은 얼굴을 볼 때, 좋은 사람과 커피 마시며 대화 나눌 때, 많은 사람과 만날 때, 노래, 음악, 꽃, 아름다운 웅장한 자연, 시원한 바람, 좋은 강좌 들을 때, 토마토 잎에 붙어 있는 무당벌레, 아기, 차창 너머 코스모스, 남편이 지압해 줄 때, 물소리를 들을 때, 산 정상에서 바라보는 경치, 조깅, 음식 먹을 때, 꽃, 수세미 자라는 모습을 볼 때, 자연의 매일매일의 변화, 편안히 앉아서 강의를 들을 때, 퇴근하여 강아지를 안고 쓰다듬을 때, 밥할 때, 파아란 하늘, 등산, 편안한 침대, 아침 식사 후 식구들이 출근할 때, 차 안에서 우중에 음악을 들을 때, 자고 있는 아이 모습, 나무, 남편이 출장, 시간에 맞추었을 때, 아기의 웃음소리, 미소, 구름, 청소하고 나서, 노래할 때, 가족과 밥을 먹을 때, 달빛, 친구와의 만남, 대변이나 소변을 본 후, 소화가 안 되던 음식이 소화될 때, 한가함, 일 끝내고 식구들이 가정으로 돌아와 얼굴을 볼 때, 검은색으로 보이는 울창한 숲, 계곡에서 물놀이할 때, 잠에서 깨어나 여명을 맞이할 때, 가벼운 몸으로 아침에 일어났을 때, 기타 연습을 할 때, 남편과 강가를 산책할 때, 들어오는 아이들을 맞이할 때, 길가의 들꽃이 바람에

휘날릴 때, 뒷산을 산책할 때, 저녁노을, 수사님 웃을 때, 과일을 먹을 때, 감실 앞에 있을 때, 자선을 했을 때, 강론을 들을 때, 하느님 생각할 때, 필사 성경, 어려움 중에, 참을 때, 성당 봉사 후, 남에게 베풀 때, 직장에서 일할 때, 십자가, 봉사할 때.

이는 내 몸이다 = 나는 아무것도 아니다 = 무가 그대로 온다. 텅 빈 무가 바탕이 되어 만사 만인 만물이 선다. 하느님은 가장 높으신 분이시지만 가장 낮은 분이시다. 사람이 되어 신성을 숨기셨지만, 빵이 되어 인성을 숨기셨다. 사람도 아닌 구더기다. 모든 것의 가장 밑바닥이다. 이 때 하늘과 땅이 하나가 된다.

모두가 음악적 천재일 수는 없다. 음악에 대한 나의 부족함을 바탕으로 모차르트가 섰다. 나의 평범함을 바탕으로 모차르트의 천재성이 있다. 이것을 깨달으면 무한한 무가 다가온다. 정상적인 청각을 가지려면 벙어리를 바탕으로 할 때 가능하다. 우리는 벙어리를 바탕으로 해서 정상적인 청각을 가질 수 있다. 따라서 우리는 다른 사람의 바탕도 되고 다른 사람의 바탕 위에 서 있기도 하다. 나의 부족함을 통해서 다른 이의 완전함이 있다. 바탕이 될 때 겸손을 바탕으로 하게 된다. 이러한 바탕은 바위처럼 튼튼한 묵묵한 인내의 바탕이 된다. 그러니 허드렛일이나 봉사를 하게 된다. 뿌리 없는 봉사를 하는 사람은 하늘 나라에 들지 못한다.

신성을 숨기는 것이 사람 되심이라면, 인성까지 사라진 것이 빵이다. 하느님이 사람임을 보여 주려면 사람이 되어야 한다. 그러나 믿어야 효력이 있다. 믿지 않으면 아무것도 아니다. 빵으로 보여짐으로써 빵임을 보여 주었다. 여기서도 믿음이 필요하다. 하느님은 아무것도 아니다. 텅 빈 무다. 바탕이 된다(형상). 이것이 생명이다. 그 형상 위에 순수 무죄인이 선다. 건물이다(질료).

산은 산이요, 물은 물이다 = 이것으로 다다. 그것은 그것이다.

나는 빵이다 = 산은 물이다 = 아무것도 아니다. 텅 빈 무다. 이것은 영이다.   2007. 9. 13.

자연 사물을 통한 선(善)에서, 내가 그렇게 선(善)임을 알게 되면 내가 어린이가 되어 덕(德)에 이르게 된다. 그러면서 그 덕을 바라보는 애(愛)를 느끼게 된다.

마찬가지로 그리스도의 죄 사함을 통해서 순수한 선(善)에 이르게 된다. 동시적으로 덕(德)에 이르게 된다. 일련의 구원 사건이 너무 고마워서 그리스도의 죄를 사하기 위한 고난을 생각하여 나의 모든 어려움을 기꺼이 참아 받게 된다. 이것을 기꺼이 참아 받는 것을 덕(德)이라 한다. 그리스도를 통한 하느님의 일련의 기막힌 구원 계획에서 사랑을 느낀다. 애(愛)다.

이렇게 되면 자연 사물을 대하는 시각이 또 달라진다. 그리스도를 통해서 보게 된다. 이것을 그리스도의 시각으로 본다고 이른다. 자연 사물이 그대로 선(善)이기도 하고 덕(德)이기도 하고 애(愛)이기도 하다. 구분이 되기도 하고 아니 되기도 한다. 촛불이 선(善)이기도 하고 덕(德)이기도 하고 애(愛)이기도 하다.

선(善)의 차원이 자꾸 깊어지고, 덕(德)의 차원이 자꾸 깊어지고,

애(愛)의 차원이 자꾸 깊어진다. 그러나 우선은 순수 선(善)을 알고 그 선(善)의 문으로 들어가면 안전한 문이다. 선(善)을 관상해야 한다. 지난 시간에 일상에서의 선(善)을 써내라고 하니까 "감실 앞에 있을 때, 자선을 했을 때, 강론을 들을 때, 하느님 생각할 때, 필사 성경, 어려움 중에, 참을 때, 성당 봉사 후, 남에게 베풀 때, 직장에서 일할 때, 십자가, 봉사할 때"라고 쓴 사람들이 있다. 죄 앞에서 죄를 짓지 않으려는 괴로움이 바로 그리스도의 괴로움이다. 이 때 선(善)으로 넘어간다.

그리스도를 통해서 모든 것이 완전해졌다. 우울하면 그냥 우울하면 된다. 아프면 아프면 된다. 우울하지 않으려고 하지 않는다. 아프면서 다른 일을 하려고 하지 않는다. 슬프면 슬픔이 기도고, 아프면 아픔이 기도다. 그냥 모두가 그런 거다.

죄인을 용서하신다 함은 죄가 문제가 되지 않는다 함이다. 이 때 사랑이 온다. 완전함이 온다. 내가 죄에 가까이 갈 때마다 이 사랑이 일어난다. 완전함이 다가온다.

그게 뭐가 어때서! 저항만 하지 않으면 된다. 흐리멍덩하면 흐리멍덩한 채로 있는 거다. 그러면 흐리멍덩함이 사라지고 상쾌함이 온다. 그러나 상쾌함이 오게 하기 위하여 흐리멍덩한 채로 있는 것은 아니다. 상쾌함을 바라지 말아야 한다. 여기서 마음의 가난이 요구된다.

어느 단계에서 전화위복이 가능한가? 고통도 신의 모습이다. 그러니 이 지상의 모든 것이 저쪽의 현시다. 성부의 현시 차원으로 시작해도 좋고, 성자의 현시 차원으로 시작해도 좋다. 모든 미(美)는 그렇게 완벽하다. 하여튼 선(善)과 미(美)를 나의 것으로만 하지 않으면 그것은 나를 천국으로 이끈다. 집착에서 벗어나 나의 것으로 하지 않는 것도 그것이 성부나 성자의 현시임을 자각할 때 가능하다. 이 때에 현재에 충실하여 거기에서 꼼짝하지 않을 수 있다. 이것이 점으로 들어가는 것이요, 순간에 들어가는 것이다.

움직이지 않고 퍼트린다. 말하지 않고 전한다. 나도 저 세계의 현시이기 때문에 나의 모든 행위도 저 세계의 현시다. 이 때에 나는 깨끗한 마음이 된다. 이 깨끗한 마음에서 전화위복이 완벽하게 이루어진다. 식사 시간, 미사 시간, 노는 시간 모두가 저 세상의 현시다. 나는 늘 순수해질 수 있다. 나는 늘 순수하다. 순수 다음에 빛, 빛 다음에 하느님 그런 순서다. 빛으로 빛을 본다. 2007. 9. 16.

표지의 "타우"(Tau) 십자가는 이탈리아 리에티(Rieti) 폰테콜롬보(Fontecolombo) 은둔소의 막달레나 경당 벽에 그려져 있는 십자가로, 작은 형제회(프란치스코회) 로마(Roma) 관구에서 발행하는 『Frate Francesco, rivista di cultura francescana』 잡지의 허락을 받아 인쇄하였다.

숨어 계신 님 2

교회 인가 | 2014년 5월 22일
초판 1쇄 발행 | 2014년 9월 24일
지은이 | 이재성 보나벤투라
펴낸이 | 기경호
만든이 | 고계영
만든곳 | 프란치스코 출판사 (제2-4072호)
주소 | 서울시 중구 정동길 9
전화 | 02-6325-5600
팩스 | 02-6325-5100
이메일 | franciscanpress@hanmail.net

정가 : 12,000원

ISBN 978-89-91809-35-2 93230